字燭照未來

TopBook

叶舒宪——著

龙的元宇宙

古代中国的科幻基因

LOONG'S METAVERSE

陕西新华出版
陕西人民出版社
饕书客

图书在版编目（CIP）数据

龙的元宇宙：古代中国的科幻基因 / 叶舒宪著．
—西安：陕西人民出版社，2024.9. —ISBN 978-7-224
-15466-5

Ⅰ．B933

中国国家版本馆 CIP 数据核字第 20244JQ097 号

出品人：赵小峰
总策划：关 宁
出版统筹：韩 琳
策划编辑：武晓雨 王 倩
责任编辑：凌伊君 张 婧
装帧设计：哲 峰 杨亚强

龙的元宇宙：古代中国的科幻基因
LONG DE YUAN YUZHOU：GUDAI ZHONGGUO DE KEHUAN JIYIN

作　　者	叶舒宪
出版发行	陕西人民出版社
	（西安市北大街 147 号　邮编：710003）
印　　刷	中煤地西安地图制印有限公司
开　　本	787 毫米 × 1092 毫米　1/32
印　　张	7
字　　数	232 千字
版　　次	2024 年 9 月第 1 版
印　　次	2024 年 9 月第 1 次印刷
书　　号	ISBN 978-7-224-15466-5
定　　价	69.80 元

如有印装质量问题，请与本社联系调换．电话：029-87205094

红山文化黄玉C形龙

二龙拱璧　载人升天

自序

探究龙的元宇宙,即要找出"元龙",由此了解"龙的传人"只是当代神话建构的新观念。而要洞悉龙这一形象蕴含的真相及其历史演变状况,则要能不被当代观念所束缚。

文博专家孙机有《神龙出世六千年》一文,指出龙文化在我国产生不足七千年。而近年考古发现表明玉文化在

图1 三星堆出土的青铜持龙杖立人像。
杨骊摄于三星堆博物馆新馆。

我国已经有一万年的传承。甲骨文的"龙""凤"二字,都明确带有标志性的玉器符号,这足以揭示:龙文化脱胎于玉文化的母体。上古文献所记载的龙,以《周易》乾卦为代表,其中的龙表现为:能穿越海陆空三界的超自然生物。

屠龙,是世界性的神话仪式礼俗;豢龙,是中国独有的历史叙事。以龙比喻帝王,也是中国特色,但却是次生的、派生的文化编码。关于龙文化的元编码,目前有猪龙说、熊龙说、蚕龙说、蛇龙说、鳄鱼龙说、羊龙说等,不一而足。笔者于2007年出版了《熊图腾:中华祖先神话探源》一书,此书也是熊龙说的代表性作品。书中提出的观点是笔者实地调研红山文化后得出的新观点,这一观点获得了辽宁省考古研究所前所长郭大顺先生的高度认同。本书不再重复从熊到龙的文物求证过程,只是在必要的时候略加提示。

图2 熊龙说的代表性著作《熊图腾》一书的三个版本

图3　三星堆出土的青铜龙形器，体现了龙文化和玉文化二合一的现象。龙头顶玉戈、龙头顶玉璋（本书图10.10）、龙头顶玉钺的造型可对照解码甲骨文的"龙"字。杨骊摄于三星堆博物馆。

| 甲骨文 | 金文 | 战国文字 | 篆文 | 繁体 | 简体 |

汉字"龙"的字形演变

汉字"凤"的字源演变

图4 甲骨文中"龙""凤"二字均头顶玉钺

古代中国有科幻传统吗？即使没有现代意义上的科幻概念，也有准科幻的虚拟想象的各种观念，更富有"幻"的文化传统资源：从史前萨满幻象到当代玄幻文学，数千年来延续不断。笔者希望换个视角来审视各类出土文物，将本书作为古代科幻想象传

图5 考古学者郭大顺先生改红山文化"玉猪龙"之名为"玉熊龙"

统的图像化读本，启迪读者体验文物中蕴含的幻想成分，并不断体验，逐渐学会沉浸于华夏先民的幻想世界，为未来的科幻创作挖掘取之不尽的本土资源。

龙和凤是中国古代科幻或玄幻传统的最大发明。人用幻想创造出现实中没有的事物或场景，这，就构成虚拟现实。而龙作为现实中不存在的虚拟意象，充分代表了中国化虚拟现实的特色。

自1978年以来，通俗文化中的流行歌曲中出现了"龙的传人"新观念。考古学界泰斗苏秉琦先生建议将"龙的传人"作为中国人的代称。如今大多数人已经认可龙为华夏之图腾，那岂能不知自己先祖图腾的由来？若无玉，则难觅中国龙之发生线索和演化雏形；若有玉，则可与时俱进利用新材料，特别是视觉材料，全方位呈现中国龙的前世今生。

那个原初的幻想世界，就是中华民族古代的"元宇宙"。

元宇宙概念是复数的，因各个民族或者族群文化不同而具有差异。这部《龙的元宇宙》将以视觉呈现方式展示华夏神龙的真实原貌和社会功能，从文化基因视角切入来划分龙起源研究的上下五千年时段，强调玉龙一体理论创新，重点揭示玉文化催生龙文化的真相和过程，并以此作为神话叙事和视觉呈现的逻辑主轴，引导读者沉浸式地体验华夏先民的升天入地梦想和礼仪实践，重新激活本土的元宇宙景观。

本书的作用之一，是要呼唤对古老文明——中国本土科幻想象传统的再认识，打开本土元宇宙思想的再启蒙之门。

另外要说明的是，作为普及读物，本书以便于读者顺畅阅读为目的，其中所引文物、资料的相关信息并未严格按照学术规范一一罗列。

图6 元宝山红山文化积石冢墓葬发掘现场及出土玉器

目录

引言

中国文化密码
——补习"玉龙一体"
001

1
府上有龙
——补习中国文化的"内语"
009

2
蛟龙玉匣
——玉龙一体：本土科幻资源
016

3
仿龙幻象
——玉衣神话的前世今生
029

4
坐骑　座驾
——虚拟龙交通
047

5
端午龙舟
——源于祭殇仪式
061

6
辟邪神器
——刚卯、司南佩之谜
073

7
玉生龙（一）
——新六器谱祖辈：璧—环
088

8
玉生龙（二）
——新六器谱祖辈：斧钺、玦
107

9
玉生龙（三）
——新六器谱父辈：璜、镯—琮
120

10
玉生龙（四）
——新六器谱孙辈：圭璋戈
142

11
玉生风
156

12
龙马奔腾
172

13
龙出长三角
190

结语

神话历史的原龙
206

引言 中国文化密码
——补习『玉龙一体』

说到中国本土的科幻概念,要从图 0.1 中的玉镯讲起。它承载着中华文化的秘密信息——在史前时代,古代中国的南方人以雕玉的方式留下了神龙幻象。先民没有文字和书本,如何将他们的神圣幻象流传给后人呢?

切磋琢磨,这是上古先民的伟大发明。制造了良渚玉器的先民们,就凭这种独特的技艺,在没有文字也没有冶金技术的不利条件下,让一个村镇的名字——良渚,入选了《世界文化遗产名录》。

早于良渚文化诞生几百年,长江三角洲地区还存在着一个古代文明——崧泽文化。崧泽文化时期留下的玉龙璧环,是中国南方最早的龙形标本(图 0.2,图 0.3)。图 0.1 中这件古玉镯上龙头的雕刻风格,就继承于崧泽玉龙。

0.1

图 0.1 四龙首纹玉镯。这件四龙首纹玉镯，曾深藏在清朝皇宫，现藏于台北故宫博物院。1986 年，浙江良渚的墓葬中出土了类似的玉镯，人们这才知道，这件国宝由五千年前江浙的先民创造。这也是本书提出的"龙出长三角"一说的实物证明。图片引自邓淑萍主编《故宫玉器精选全集》第一卷，台北故宫博物院 2019 年，第 383 页。

清代乾隆皇帝喜爱玉器，他除了拥有图 0.1 中这件四龙首纹玉镯和两件五龙首纹玉镯外，还有一件玉龙璧和一件玉龙环。他朝夕把玩这几件器物，并为之题诗作画，还让紫禁城造办处的御用工匠为它们配上精美的紫檀木架，但他对这五件古玉的来历却茫然不知。

龙的早期表现载体为玉雕而非文字，所以对于今人来说，了解玉文化知识，是探索和思考龙、凤等神话幻象起源的前提。

龙的元宇宙，其初始的密码可称为"玉龙一体"。这密码来自遥远的几千年前，其出现的时间甚至比甲骨文还要早两千

图 0.2　清宫旧藏玉龙。此物为史前中国南方崧泽文化的遗产，是南方龙文化开端的标志性物品。图片引自邓淑萍主编《故宫玉器精选全集》第一卷，第 381 页。

图 0.3　21 世纪考古新发现的史前中国南方崧泽文化玉龙。对照图 0.2 中染色的清宫珍玩玉龙，这件器物呈现的是五千五百年前玉器的本色。古人喜玉，为何要为之染色呢？因为中国玉文化中有一种诗意的说法：越是古老的玉，沁色越丰富。俗谓：玉有五色沁，可抵千万金。

年，比出现在战国时期的古代竹简书要早三千年。探索那个时代的龙形象，并以视觉图像来呈现这一新知，是本书的主题。

四龙首纹玉镯如何体现本土的科幻元素？如何理解"驷马难追""天马行空"这两个成语？只要先将马匹想象为古人所说的"龙马"，再将玉镯想象为四龙所驾的升天神车，很快就能走近古人的"元宇宙"观。两千年前的一幅彩绘图（图0.4），贴切地反映了这种玄幻奇妙的"四龙驾车"交通景观。

领悟了"驷马难追"与"天马行空"所蕴含的秘密，再去端详乾隆珍爱的四龙首纹古玉镯，就能体会到古人所谓的"飞

0.4

图0.4 四条红色的龙奋力驾车，飞行在天。车如同云朵，车后还跟随两名驾鹤护航的红衣仙人。这就是中国古人的元宇宙想象实景。凡人在人间的所有不如意与烦恼，都将随风飘散。这是中国古人治愈系的专利作品。

升上天"的科幻意义了。

甲乙丙丁，戊己庚辛，自甲骨文于商代出现以来，中国人开始使用十干纪日和六十甲子纪年的历法（即以十天干匹配十二地支的六十进位制）。无论是读书参加科举的文人，还是从未接受过教育的村夫野老，都会按照子丑寅卯辰巳午未等等的顺序来数年头。人人都知道卯兔之年一过，就会迎来辰龙之年。

本书的创作，正是源于笔者在 2023 年即兔年的系列讲座。这一年来笔者的所思所讲，基本围绕着一个核心：神话幻想的社会功能即为原生态的虚拟现实。

2023 年 11 月 18 日，安顺学院举办《亚鲁王》文化研讨会。会议开场的致辞环节，笔者代表中国比较文学学会致辞，窃以为《亚鲁王》中最具科幻想象色彩的元素，是为亚鲁族人带来好运的一件神奇法宝——龙心。此前，我一直无法想象"龙心"是怎样的一种存在，唯一的解码线索，还是由中国古人创造的一种奇特的玉器——"鸡心佩"所提供的。这种鸡心佩上常刻有龙凤。

《亚鲁王》史诗的主要发现者——毕业于中央民族大学的杨正江，自小生长在深山中的苗族村寨，对麻山支系苗人的想象和讲唱了如指掌。十一年前我们初次见面。这次他从家中取来苗人传统的法器，为我面授《亚鲁王》中的讲唱礼仪。

民间文学是文学人类学四重证据法方法论体系中的第三重证据。苗族人称讲唱歌师为"东郎"。东郎会在停放灵柩的堂屋门口举起法杖，指向屋顶伸出来的圆木椽子，喊一声"天门"。

如此，现实的屋顶瞬间转化为虚拟现实中的天国之门。这场景像是一场仪式性的戏剧，以之为死者祈祷，并为其指引升天的旅程。

从未接受过学院派科学教育的乡间东郎，完整传承了本民族千百年来的致幻技术而无须借助现代高科技手段。这就是我所谓的"复数的元宇宙"：人类的每一个地方族群都会通过神话幻想营造自己生存于其中的虚拟现实。未来贵州旅游开发之愿景，就在于调动情境，复原艺术幻想，将原生态的《亚鲁王》葬礼讲唱文化展现出来，让观者思考以下问题：《亚鲁王》在什么意义上算是文学作品？又在什么意义上，与通常理解的作家作品有着天壤之别？与世隔绝的贵州大山里的东郎们，能不能称为现代的"荷马"？可以想见，未来某一天，《亚鲁王》的龙心之谜被揭开，对于世人对中国龙文化底蕴的总体认知，一定富有"地方性知识"方面的重要启示。

研讨会后，我从安顺学院乘车前往贵阳龙洞堡机场，一百多公里的路程要走一个半小时。其间我为同行的一位教授讲解何谓"元宇宙"的"虚拟现实"，费尽口舌却效果不佳，直至机场，教授对外来新词的困惑也未能完全消解。这件事让我意识到，当今的知识分子，其从小到大所受的教育，当然是西学东渐以来科学主义主宰的内容。而20世纪50年代的苏联教科书，将一切带有幻想性的内容称为"艺术"或"浪漫主义"。人们习惯于用浪漫或现实的二分法看待虚拟现实与现实的差异，并倾向于认为现实的杜甫诗歌要比浪漫的李白诗歌具有更高的欣赏价值。

尽管教材里有《夸父逐日》《梦游天姥吟留别》这样的作品，可无论老师还是学生，都不习惯用"虚拟"来比对"梦游"，也不习惯从"虚拟现实"这样的视角去看待和理解神话传说对人类社会生活的再编码现象。就此而言，我们太需要《亚鲁王》这样活在民间的虚拟讲唱的礼仪传统了，它足以弥补我们常规教育中失去的东西。同样的道理，通过对大自然中并不存在的龙的形象的再认识，或许也能在一定程度上将本土文化的虚拟传统还给大众。

什么是虚拟现实？或许还可举出一些更加通俗易懂的实例来做生动的说明：上海市，是现实的存在；上海新建的迪士尼乐园，是在现实的城市中营造的一方"虚拟现实空间"。对于什么是神话编码现实的问题，也可以类似的方式回答：鼠和鸭，是现实存在的生物；米老鼠和唐老鸭，是虚拟的神话生物。神话叙事与纪实叙事的区别是：神话叙事能够创造现实中不存在的东西，纪实叙事则没有这种向壁虚构的能力。

如何利用虚拟技术营造现实中不存在的事物，从而获取最大化的商业利益？如何利用人工智能去无限创作，让科技昌明时代的人沉浸到各种各样的幻境和幻象世界之中？从经济角度看，虚拟现实技术为什么能创造巨大的经济效益？这样回答吧：现实中的鼠，是人类欲除之而后快的对象；而虚拟生物——米老鼠，每年衍生品的销售额为六十亿美元。

2023年12月31日，迎新年的爆竹声已经响起，各地的舞龙和观龙灯活动也即将如火如荼地展开。借此时机编著《龙的元宇宙》一书，似乎是在以"元宇宙中国版"的名义，为大众重新认知龙文化做铺垫和准备。

本书将印制的前夜，内蒙古敖汉旗元宝山发现随葬玉器数量最多的一座红山文化大墓，其中一件玉雕龙，号称最大个，刷新以往考古出土玉龙的记录（图0.5）。其年代又是上五千年，这就再度印证了本书主旨：先民崇玉在先，拜龙在后。龙作为虚拟现实生物，最初由玉雕的艺术形象呈现于世。五千年前的社会在首领人物墓葬中安排玉龙，是为带领亡魂升天之旅的匠心设计。

希望《龙的元宇宙》这部书，能让读者得到精神收获，并由此生发出龙马精神。这是著者的祝愿。

图0.5 2024年敖汉旗元宝山红山文化积石冢出土玉龙，通高15.8厘米

1 府上有龙
——补习中国文化的"内语"

一说到元宇宙，有人会以为是作者在追赶时髦。其实要明白，神话幻想就是虚拟现实的同义语（图1.1）。就连"虹桥"这一国内最繁忙的交通枢纽（既有飞机场又有高铁站）的名称中，都潜藏着中国人自己的元宇宙幻想。为什么要将风雨后的彩虹虚拟为沟通天地的桥梁呢？

作为交通工具，现实中的桥梁有千千万万，那么，天地间或神人间的沟通之桥唯有虹桥吗？先民是如何将这一神话幻想留在我们的汉语遗产中的？拥有八千年历史的玉璜，最初是如何模仿彩虹桥而设计出来的？为什么在五六千年前的红山文化中，已经将玉璜的两端雕刻为龙首形象呢（图1.2）？佩玉璜升天的神话，和乘龙升天的神话，难道不是同一种神话理念虚拟的神圣交通的不同方式吗？

提问至此，本土文化中有没有自己的元宇宙模型问题，也就有了启发性的答案。

因为承担中国社会科学院重大项目"中华文明探源的神话学研究"，作者在 2012 年 4 月 12 日的《中华读书报》头版头条发表了《龙—虹—璜》和《蛇—玦—珥》两篇文章，提出了文学人类学研究元宇宙（即神话宇宙观）本土模型的四重证据法。

我曾在一位乡下来的女摊主那里收获一件清代的玉雕（图1.3），摊主称其为"人上人"。其实，它更具有吉祥意味的全称应该是"遇贵人加人上人"。这是什么意思，大家可以根据这件白玉雕的造型特征去体会。

每当盘玩这个古代艺术标本时，年轻时背诵过的千古名篇《滕王阁序》会不知不觉浮现在脑海中：

> 豫章故郡，洪都新府。星分翼轸，地接衡庐。襟三江而带五湖，控蛮荆而引瓯越。物华天宝，龙光射牛斗之墟；人杰地灵，徐孺下陈蕃之榻。雄州雾列，俊采星驰。台隍枕夷夏之交，宾主尽东南之美。

儒家有"古之君子必佩玉"之说，古代的读书人大都为爱玉或佩玉之人。在中国古代社会，玉就是永恒的国潮国风元素，不会过时。西学东渐后，世风大变，鉴玉赏玉的功夫和雅兴，被彻底地从学堂中扫除了。回望宋元明清时代，玉器从早期王室贵族

图1.1 中古玛瑙杯。将现实的器物虚拟化为灵界的造物。作者摄于南京博物馆。

图1.2 红山文化中的双龙首玉璜。是文化一级编码的视觉呈现。

图1.3 清代玉雕"人上人"挂件。作者采集于南京古玩城地摊。自古及今,谁不想自己的人生中有贵人相助呢?

011

垄断的顶级奢侈品,逐渐成为富贵人家的赏玩之物。佩玉名目五花八门,一般会按汉语的谐音,取一个能引发美妙联想的名称。比如"府上有龙",便是一种美好的祝词,其实物造型也很简单:在斧头上方雕出龙形。"斧上有龙",谐音为"府上有龙"。

近二十年来,笔者的主要学术努力在于研究中国玉文化,所以每到一地,都会去古玩城或文物商店里观玉买玉。这不同于古玩收藏,其实是研究工作程序中的"征集标本"或"标本采样"。我一直认为,相比人们各种宣之于口的语言,玉文化才是中国文化的"内语"。不懂"内语",又怎么能研究中国文化呢?

如果不加说明地将"福寿双全"玉牌送给外国友人,那一定会被误读,甚至引发他们不愉快的联想。因为蝙蝠在中国文

图1.4 明代青白玉雕"府上有龙"玉佩与清代白玉雕"福寿双全"玉牌。作者征集于南昌滕王阁。

化中与"福"谐音，寓意无限美好；而在西方文化中，蝙蝠则是吸血鬼的象征。图 1.4 中的"福寿双全"玉牌下方是一个篆体变形的拉丝透雕"寿"字，上方是一只展翅向下飞来的蝙蝠，其寓意为"福在寿上"。认为蝙蝠为恶魔化身的西人，如何能解码中国文化中这种隐晦曲折的表达呢？

"府上有龙"，其寓意对于当代人而言已经比较陌生了，但在明清时期，此玉雕还是常见的美好器物。打开八卷本的《中国传世玉器全集》[1]，和我征集到的这件明代玉佩近似的标本有好几个。其中杭州历史博物馆馆藏的三件"府上有龙"玉佩（图 1.5，图 1.6，图 1.7）造型各异，绝无重复之感。前两件的雕龙取正面龙形，第三件的雕龙则是回头龙，这种造型源于先秦两汉常见的玉带钩。用回头龙造型对应龙身上的小龙，以表达"望子成龙"的美好寓意。

本章虽到结尾，但在行文和图像中留下的元宇宙问题还是不少。最需要解决的问题有两个：龙重要，还是熊重要？龙重要，还是龟重要？

汉代神熊，何德何能，居然骑在龙身上，遨游云天（图 1.9）？三星堆祭祀坑新出土的铜网格形器物，四角有四龙，像是抬轿子的轿夫，为何网格形器物中包裹的主角是一块龟形玉（图 4.16）？谜底将在下文一一揭开。

---

1. 古方主编《中国传世玉器全集》，科学出版社 2010 年。

1.5

1.6

图1.5 清代白玉雕"府上有龙"玉佩。现存杭州历史博物馆。引自古方主编《中国传世玉器全集》清代卷,科学出版社2010年。

图1.6 清代黄玉雕"府上有龙"玉佩。现存杭州历史博物馆。引自古方主编《中国传世玉器全集》清代卷。

图1.7 清代白玉雕"府上有龙"玉佩。现存杭州历史博物馆。引自古方主编《中国传世玉器全集》清代卷。

1.7

图1.8 "璧上有龙":西汉出廓玉璧。作者摄于徐州博物馆。

图1.9 "龙上有熊":西汉天熊二龙乘云玉牌。作者摄于开封博物馆。

2 蛟龙玉匣
——玉龙一体：本土科幻资源

图 2.1 河北定县八角廊出土的西汉金缕玉衣。作者摄于浙江省博物馆。

本章以中华文明独创的稀世珍宝金缕玉衣为例，阐明一个可以借以深度认知中国文化基因的原理："玉龙一体"或"龙玉一体"。其基本道理是，要溯源龙文化的发生、发展过程，离不开更早也更具有信仰特征的玉文化。从龙文化与玉文化出现的历史顺序看，玉文化在先，龙文化在后。换言之，只能是玉文化孕育了龙文化及与其相关的凤文化，而不可能是后者孕育了前者。这样的认识，依赖于史前考古发现带来的全新知识，因此古人并不具备这样的认知条件。我将这种传统知识观和历史观的更新换代现象称为"深度认知中国文化"。

"金缕玉衣"是一个合成词。"金缕"是古已有之的说法，"玉衣"则符合现代汉语的表达习惯。"金缕玉衣"是以拼缀玉片作为面料，以金丝或银丝替代缝纫之线，缝制而成的一个闭合整体，其外观像一件对帝王遗体进行全包裹的衣服（图2.1）。按照现代汉语的表达习惯，提取制作玉衣的两种珍贵物质的名称，作为给文物命名的核心词语，这无可厚非，但却抹杀了制作金缕玉衣时所秉承的神话观念。

将"金缕玉衣"的说法倒过来，改为"玉衣金缕"，更能体现玉与金这两种物质在上古华夏先民价值观中的位置，恰可对应国人的一句俗语：黄金有价玉无价。

国内出土玉衣最多的地方是汉高祖刘邦的故乡江苏徐州。如表2.1所见，徐州一地已经出土十五件玉衣。徐州博物馆的专家对玉衣所用玉料进行鉴定，确定顶级的玉衣使用了四千多片玉，这些玉片都是采自西域的和田玉。当时的人们从数千公里外的西域和田（汉代称于阗国）采集大量的玉石原料，先经河西走廊运输到长安（西安），再辗转东输到江苏徐州地区及河北等地。切割玉料后，将其制成数以千计的长方形玉片，打磨平整后再抛光，还要给每个玉片四角钻孔，再用以冶金工艺制

表 2.1 徐州出土汉代玉衣一览

序号	出土地点	保存情况	年代	缕质	墓主身份	资料出处
1	东洞山西汉楚王墓	玉衣片2片	西汉中期		楚王	《文物》1984年第11期
2	北洞山西汉楚王墓	凸字形玉衣片50余片	西汉早期		楚王	《徐州北洞山西汉楚王墓》，2003年
3	后楼山4号西汉墓	玉衣片50余片	西汉早期	银缕		《中国考古学年鉴·1997》，1999年
4	火山西汉刘和墓	完整玉衣1套	西汉早期	银缕	宗室	《中国考古学年鉴·1997》，1999年
5	驮龙山西汉刘习墓	头、手、鞋套	西汉早期	丝缕	宗室	《东南文化》1996年第1期
6	韩山西汉刘婷墓	玉衣片600余片	西汉早期	银缕	宗室	《文物》1993年第4期
7	狮子山西汉楚王墓	基本完整玉衣1套	西汉早期	金缕	楚王	《文物》1998年第8期
8	西卧牛山西汉楚王（后）墓	玉衣残片	西汉早期		楚王（后）	《江苏考古2010—2011》，2013年
9	土山东汉彭城王后墓	基本完整玉衣1套	东汉	银缕	彭城王后或夫人	《文博通讯》1977年第15期
10 11	土山东汉彭城王墓	铜缕玉衣、银缕玉衣片	东汉	银缕 铜缕	彭城王	《徐州日报》2014年12月29日
12	睢宁九女墩东汉墓	玉衣片229片	东汉晚期	铜缕	下邳国宗室	《考古通讯》1955年第2期
13 14	睢宁刘楼东汉墓	银缕玉衣片5片、铜缕玉衣片140片	东汉明帝、章帝	银缕 铜缕	下邳国宗室	《文物资料丛刊》（四），1981年
15	拉犁山1号东汉墓	较完整玉衣1套	东汉晚期	鎏金铜缕	彭城国宗室	《中国考古学年鉴·1986》，1988年

注：引自李银德《天工汉玉》，徐州博物馆等著《龙飞凤舞：徐州汉代楚王墓出土玉器》，北京美术摄影出版社2016年，第122页。

成的金线串联成玉衣。完成这件作品需要动用多少人力物力？

  目前已出土的玉衣至少有五种类型：金缕玉衣、银缕玉衣、鎏金铜缕玉衣、铜缕玉衣、丝缕玉衣。这五种类型玉衣的制作材料基本一致，都是玉。而连缀玉片的线绳则分别为金、银、铜、鎏金铜和丝（图2.2，图2.3）。从文化文本理论的编码程序看，这五类材料中丝帛出现的年代最早，出现于上五千年，而三种贵金属皆为下五千年才出现的冶金产品。

图2.2　河北定县出土的西汉金缕玉衣（直视图）。作者摄于国家博物馆。玉衣的制作旨在严密包裹死者遗体，包括头颅、手足和生殖器官。这样的无比奢华的尸衣，其设计初衷是什么？

图2.3　广州象岗山南越王墓出土的西汉丝缕玉衣复原品。作者摄于南越王墓博物馆。

从金缕玉衣到丝缕玉衣，彰显的是西汉社会统治阶级内部的等级制度。按照身份的高低，玉衣使用的材料从金到银，再到铜。这与希腊神话时代黄金时代、白银时代、青铜时代、黑铁时代的排序有某种巧合。但在华夏史前文化中，冶金文化并不繁荣，玉是至高无上的物质。距今七八千年前，先民驯化野蚕，发明缫丝工艺，丝帛成为玉之后的第二种"奢侈品"。先民还虚拟出了天蚕吐丝的神话原型，将玉与帛视为承载天神界神圣生命力（即永生不死之"精"）的两种物质载体。从"玉龙一体"的现象又衍生出"蚕龙一体"的想象，形成天蚕即蚕龙的神话观。了解了这一史前文化，再看丝缕玉衣，以及各种玉帛组合型文物，将会获得不一样的感受。

玉衣，汉代人称之为"玉匣"。西汉刘歆《西京杂记》卷一第二十二条"送葬用珠襦玉匣"中说：

汉帝送死，皆珠襦玉匣。匣形如铠甲，连以金缕。武帝匣上皆镂为蛟、龙、鸾、凤、龟、麟之象，世谓为蛟龙玉匣。

西汉人称汉武帝的玉衣为蛟龙玉匣，是因为其上刻有蛟龙和鸾凤等神话动物的形象。这个具有神话学意味的古老命名，透露出华夏文明的幻想密码：玉龙一体。玉匣上雕刻蛟、龙、鸾、凤、龟、麟之象，无非是要表明这种玉匣的特殊用途在于引领主人的魂灵升天。其原理是神话仿生学的联想，要让现实世界中的玉衣主人变身为虚拟世界中的龙凤类升天生物。

玉为虚拟之龙的现实性物质载体。龙和玉具有文化功能上的一致性，传说在黄帝之孙——颛顼时代发生了绝地天通事件之后，玉和龙便成为天界、神灵、祖灵与人间的交通或沟通之神圣中介物，也是实现天人合一梦想不可或缺的神圣凭借物（图2.4，图2.5，图2.6）。

距今两千年前，汉代人为皇家所垄断的至高无上的葬礼用品取名为玉匣。但在今天各大博物馆关于金缕玉衣的策展案中，却从不见玉匣二字。唐代章碣作《焚书坑》诗云：

竹帛烟销帝业虚，关河空锁祖龙居。
坑灰未冷山东乱，刘项原来不读书。

图 2.4　内蒙古翁牛特旗出土的红山文化 C 形玉龙，距今约五千五百年。现存于国家博物馆，为国家博物馆的镇馆之宝，今人称其为中国第一玉龙。

2.4

图 2.5　辽宁建平牛河梁积石冢出土的红山文化玉雕双熊龙,距今约五千五百年。作者摄于首都博物馆早期中国展。

图 2.6　红山文化 C 形玉龙,现存于台北故宫博物院。引自邓淑萍主编《故宫玉器精选全集》第一卷,第 313 页。

祖龙居，指的是秦始皇嬴政建立国都之地咸阳，那也是秦代焚书坑儒的地方。刘项，兼指刘邦和项羽。二人都是草莽出身，没有多少文化。

　　我想将章碣的名句"坑灰未冷山东乱，刘项原来不读书"替换成"懵懂玉衣迷雾乱，原来不读刘歆书"。只要读过刘歆的《西京杂记》，就一定不会忘记，"玉匣"才是汉代玉衣的通称。而千古一帝汉武帝的玉衣，则独享"蛟龙玉匣"的美名，其秘密就在神话仿生学中——古人用玉匣模拟龙蛇形状的宇宙飞船，将人体包裹住。蛟龙玉匣，则堪称古代版的太空舱，宛若电影《阿凡达》中通向外星世界潘多拉星球的高科技版太空舱（图 2.7，图 2.8）。

　　白玉与青玉、碧玉和墨玉等其他色泽的玉料相比，会引发古人怎样的联想？汉语中有成语"白璧无瑕"，《红楼梦》中也说"白玉为堂"，这八个字，已经给出现成的答案：在坚信"黄金有价玉无价"的传统社会里，玉本为至高无上之物。而白玉在玉石神话信仰经历了商周时代白玉独尊的"革命"以后，获得"帝王玉"的别称，成为天上的发光体——日、月、星和地上的"发光人"——天子的象征。要知道，"皇"字在甲骨文中，呈现为头顶发光之人的特写。而成语"青天白日"，也道出了古人以青玉类比天宇，以白玉类比天上的日、月、星的联想。

　　若对此还有怀疑，就去读一读李白著名的诗句"小时不识月"吧……

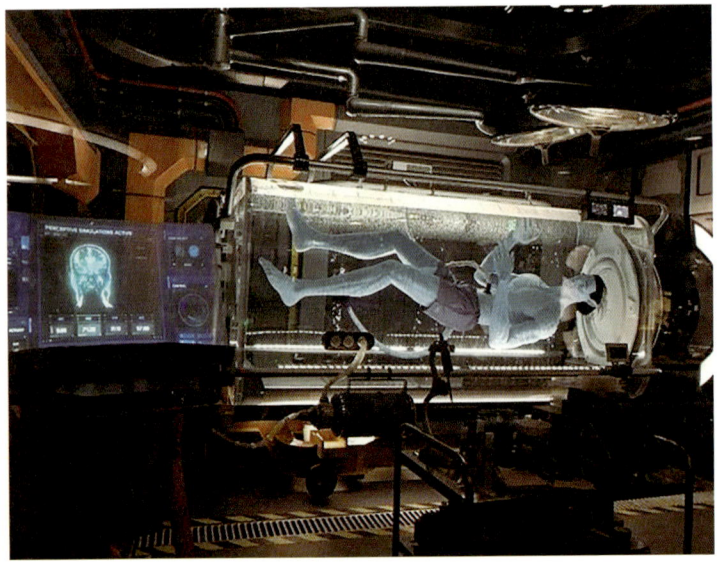

图 2.7 电影《阿凡达》中主人公杰克进入太空舱

图 2.8 美国科幻电影中的太空舱

羽人想象和宇宙飞船想象是中国古人创造的两种升天科幻模型，在西周时期特别发达，也体现在各地西周贵族墓葬出土的玉器上（图 2.9，图 2.10）。图 2.12 展示了中国本土的史前科幻想象，可以看出古人是如何凭借对葬仪的总体设计，精心为死者准备升天的虚拟交通工具的。

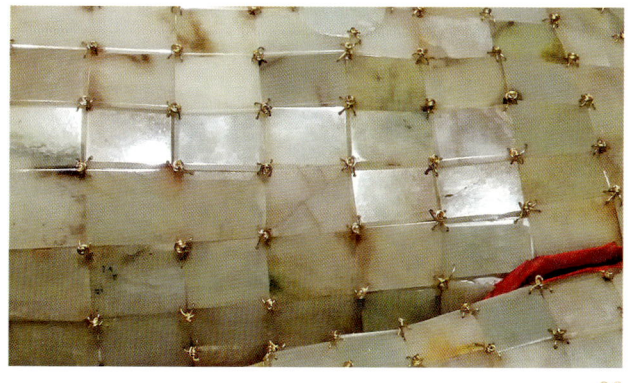

图 2.9 中国汉代版"太空舱"制作材料的近距离观察。古人鉴玉的第一标准为是否"温润"，今天的人们因为缺乏格物致知的训练，因而无从了解"温润"作为儒家人格理想的奥秘。作者摄于徐州博物馆。

2.10

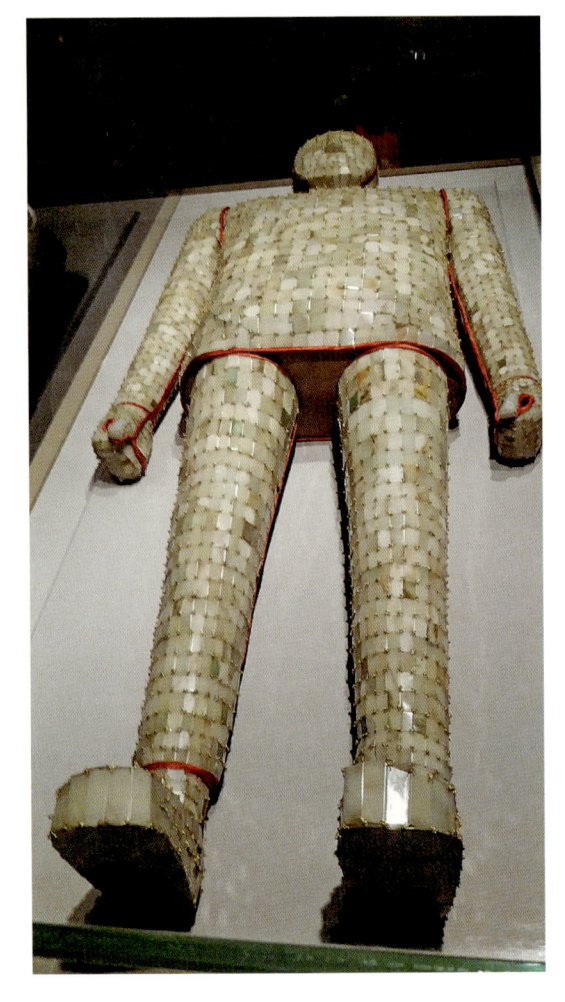

图 2.10 徐州狮子山西汉楚王陵出土的金缕玉衣,是迄今所知唯一的一件全部采用和田白玉制作的玉衣,堪称"中国古代太空舱"。2014 年作者摄于徐州博物馆。

图 2.11 湖北枣阳九连墩 1 号楚墓出土（M1：962）玉羽人。引自中华玉文化中心等编《玉魂国魄：湖北枣阳九连墩楚墓玉器特展》，浙江摄影出版社 2015 年，第 110 页。

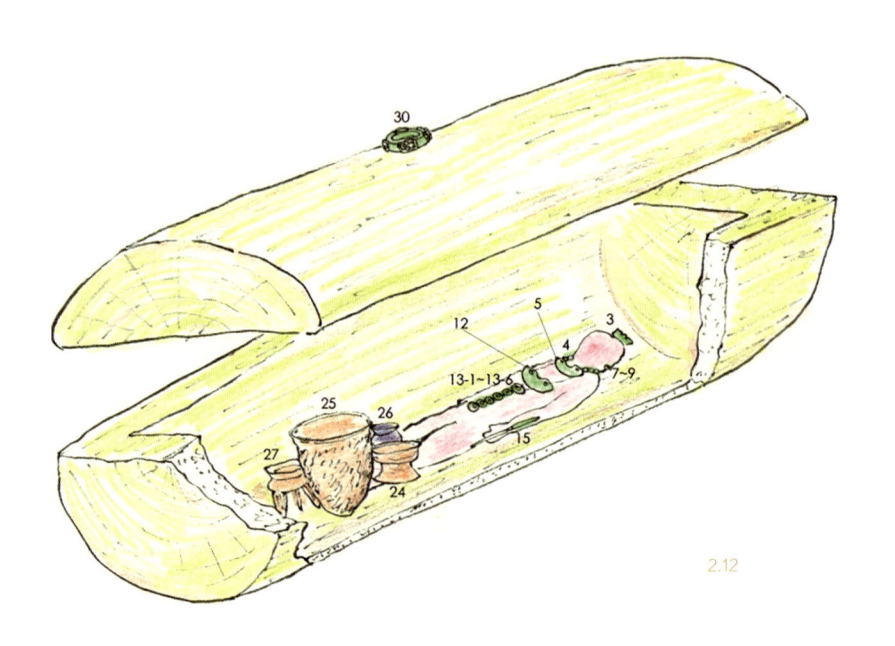

图 2.12　良渚文化瑶山 M1 葬仪复原示意图。引自方向明《王陵和祭坛》，浙江大学出版社 2022 年，第 8 页。

3 仿龙幻象
——玉衣神话的前世今生

对玉龙一体现象的史前起源的认识,能够打开求证龙神话源流的理论创新思路。汉代人对蛟龙玉匣的命名,本身包含将死者转化为龙蛇的明确的葬礼仪式目标,其间的神话仿生学原理已经在上文中得到解释。按照《吕氏春秋》中的说法,以玉匣包裹人尸的做法,就是模拟龙蛇的"含珠鳞施":龙口内有珠,龙身有鳞,玉衣片的制作是为人身造出鳞甲,让人如同龙蛇一样可以上天入地。简而言之,玉衣之创造,出于仿龙的神话联想。

秦汉之前的仿龙玉器艺术实践,有西周的人龙合体造像:将人和龙两种形象,用玉石材料雕刻成你中有我、我中有你的一体形象,这是西周时期高等级墓葬随葬玉器的专有艺术形式。

图3.1、图3.2、图3.4中的玉雕,蕴含着华夏文明的第一密

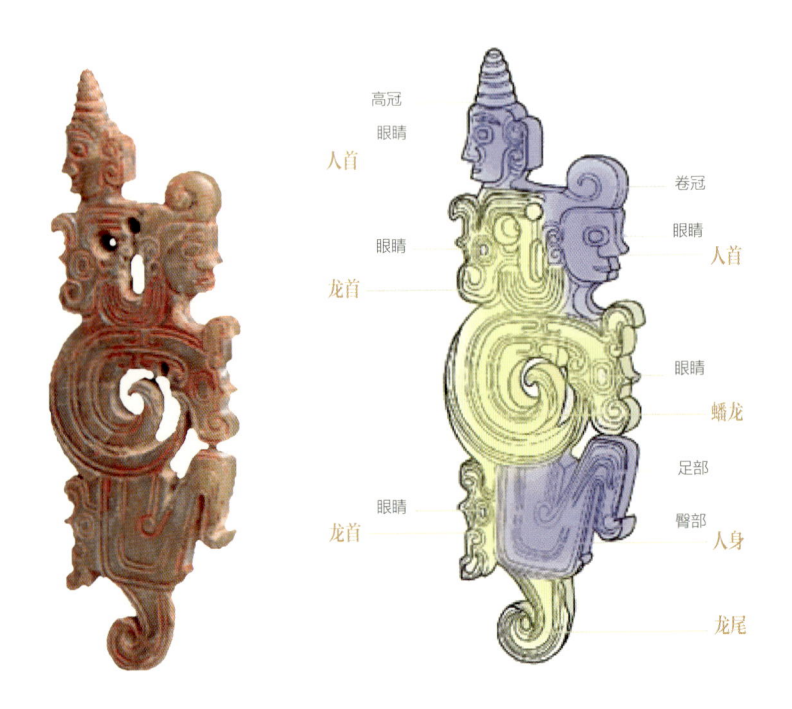

图 3.1 西周典型玉器造型——人龙合体的示意图。人体和龙体是怎样混搭成为一个生物形象的？周朝玉匠是营造虚拟现实境界的伟大艺术家吗？

3.2

3.3

图 3.2 陕西扶风县强家村 M1 墓出土的西周人龙合体玉佩。引自刘云辉《周原玉器》，台北中华文物学会 1996 年。这件玉佩所用玉料属于和田玉中的青黄色玉料。玉器表面的雾状白斑是其入土数千年间化学反应的结果。这件玉佩为什么两端和中央有四个对称的孔？除了佩戴之外，它是否还在某些礼仪场所被使用？

图 3.3 陕西扶风县强家村 M1 墓出土的西周人龙合体玉佩线描图。引自刘云辉《周原玉器》。人面被上下双龙缠绕。西周玉匠如此这般的刻画，究竟是要表现什么？

码：龙为虚拟生物，适合充当元宇宙的标志性符号。人龙合体玉雕，显示了古人于想象中借助龙穿越海陆空三界的特异交通能力，彻底摆脱限制，自由遨游在宇宙中的愿望。

在玉石神话信仰万年传承的历史中，有一次发生在商周时期的重要观念革命，那就是白玉崇拜的确立。从河南安阳殷墟的妇好墓，到陕西关中西部地区周人起源地统治阶层的墓葬，来自新疆和田的白玉作品逐渐增多。到战国时期，《礼记》中出现了这样的规定：天子佩白玉。图3.5中的白玉雕双人首龙

3.4   3.5

图3.4 湖北枣阳郭家庙曾国墓M1出土的西周青黄玉人龙合体玉佩。引自长江文明馆、湖北省博物馆等编《穆穆曾侯》，文物出版社2015年，第170页。周人为何偏爱这种人龙混搭型的玉雕造型？将此类费工费料的神秘器物放置在死者墓穴里，是出于怎样的目的？

图3.5 西安长安区张家坡157号西周墓出土的双人首龙凤纹玉佩（变体柄形器）。引自古方主编《中国出土玉器全集》第1卷，科学出版社2005年，第77页。

凤纹玉佩出土于西安长安区张家坡西周贵族墓，其玉质达到羊脂白玉级别，属于和田玉中的顶级品。

3.6

图 3.6 三件西周人龙合体玉佩的线描图。人和为人提供升天服务的神秘交通工具龙合为一体，在一定意义上可视其形象为西周时期的幻想作品。

以仿生学原理，将人类身体再造为龙蛇类的有鳞生物，再造形式是从部分覆盖发展为全覆盖。春秋时期的吴国大墓中曾出土过部分覆盖的玉衣文物（图 3.7）。

对龙玉一体现象起源的探讨，要说到文献记录并未覆盖的前文明国家时代。龙玉一体，来自史前时代从玉生龙的发生学真相，还体现为龙与玉在文化功能上的一致性和统一性。玉和龙都充当了虚拟现实中的神秘交通工具，玉在先，龙在后，凭玉升天的虚拟幻想，诱发了凭龙升天的虚拟幻想。

现实存在的人只能生活在大地上，无法像鸟类那般飞上天

033

3.7

3.8

图 3.7 春秋时期吴国墓葬中的玉衣雏形。作者摄于苏州博物馆。

图 3.8 春秋时期吴国墓葬中的玉衣雏形之头部玉覆面。作者摄于苏州博物馆。

空，不是后天学习了游泳的话，也无法像鱼类那样遨游江河。先民出于对飞鸟和游鱼的艳羡之情，幻想并创造出一种能够同时模拟飞鸟和游鱼的有鳞类虚拟生物——龙，让龙成为带领人类升天入地的交通工具，以此来摆脱现实中的引力和环境限制，获得海陆空三界无所不至、轻松穿越的交通能力，从而与天上的神灵、祖灵世界和地下的鬼魅世界获得沟通，甚至成为能与天神祖灵比肩的超自然生命存在，自由上下，永生不死。这就是龙作为虚拟现实中的重要交通工具而存在的古老真相。

作为虚拟现实中的交通工具，龙以两种常见的方式服务人类。其一，生人驾龙飞天。其二，死者或死者魂灵凭龙升天。

汉代统治阶层着金缕玉衣或银缕玉衣的丧葬制度出现前，古人以玉礼器或玉龙做随葬品，以此完成虚拟的升天梦想，这就是"玉殓葬"的真相。玉龙一体的文化现象便起源于九千年

图 3.9　湖北荆州熊家冢楚国贵族墓出土的白玉雕件"双龙凤载人升天门"（人头顶之玉璧代表天门）图景。作者摄于荆州博物馆。

035

来未曾中断的"玉殓葬"传统。而汉代人的金缕玉衣,堪称前科幻时代的尝试实践:用玉片包裹身体,充当龙蛇形"太空舱",承载死者先入地,下到九泉,再升天,最终与天神、祖灵在天国相聚(图3.7,图3.8)。

图3.9和图3.10展现了东周至秦汉时期驾龙飞天或骑龙升天的神幻想象景观。

作为与中国文明互鉴的生动对象,阿富汗也发掘出了一批以乘龙升天为主题的古代精美艺术品(图3.11)。

源远流长的玉文化不但早在史前时期就孕育和催生出了龙文化,还在稍晚时期催生出了冶金文化。从纯铜器到合金铜器即青铜器,再到金器和银器之类贵金属器物,表现龙的物质载体种类必然会随着冶金时代的到来而拓展。图3.11是较为罕见的以黄金塑造的龙;图3.12是三星堆祭祀坑出土的青铜龙形器。

从商代到汉代,时光之轮转动了千年,被统治者垄断的冶金产品进入了富裕家庭。当时最为流行的青铜制品是铜镜。汉代的铜镜,背面常刻有文字,多为美好的祝愿之词。铜镜既有图像和物的叙事,又增添有铭文叙事,足可见证古代神幻想象的发展。从铜镜上的铭文可知,虽然秦汉时期开始以龙指代帝王,但这种情况较为罕见,源自史前的龙之上天入地的神话功能仍普遍存在(图3.13)。

从乘龙驾龙到腾云驾雾,再到孙悟空驾"筋斗云",这是

3.10

3.11

图 3.10 《图说中华文明发生史》封面用荆州出土东周玉器"人乘龙升天"图景

图 3.11 阿富汗出土的神人御双龙黄金镶嵌青金石、绿松石、红宝石挂饰件，制作于约两千年前。阿富汗国家博物馆藏。作者摄于北京故宫博物院阿富汗国宝特展。中国文化以玉为尊和西方文化以黄金与宝石为贵的分野，在这件阿富汗文物上表现得非常明显。

图 3.12 三星堆二号坑出土的青铜龙形器。龙头上像是在飘荡的玉璋形物体直指上方——那是三千年前古蜀人想象中的天神之国和祖灵所在。杨骊摄于三星堆博物馆。

3.13

图3.13 东汉早期铜镜"驾非龙乘浮云铭八乳简博镜"。其上铭文曰:"驾非(飞)龙,无(乘)浮云。上大山,见神人。食玉英,饮礼泉。宜官秩,葆(保)子孙。"引自王纲怀《汉镜铭文图集》,中西书局2016年,第361页。此镜的铭文表明:飞龙为主人所驾乘,其功能类似于天上的浮云。

039

一种中国版元宇宙中的交通方式。

早在战国时期屈原的作品中，龙便是重要的升天工具，近代百年来的文学史著作都给此类虚拟想象贴上"浪漫主义"的标签，忽视了楚国文化特有的神幻境界。《离骚》中说："驾八龙之婉婉兮，载云旗之委蛇。"《九歌·湘君》云："驾飞龙兮北征，邅吾道兮洞庭。"《九歌·云中君》云："蹇将憺兮寿宫，与日月兮齐光；龙驾兮帝服，聊翱游兮周章；灵皇皇兮既降，猋远举兮云中；览冀州兮有余，横四海兮焉穷。"《九歌·大司命》又云："广开兮天门，纷吾乘兮玄云；令飘风兮先驱，使涷雨兮洒尘；……高飞兮安翔，乘清气兮御阴阳；……乘龙兮辚辚，高驰兮冲天。"《九歌·东君》再说："驾龙辀兮乘雷，载云旗兮委蛇。"《九歌·河伯》也云："乘水车兮荷盖，驾两龙兮骖螭；登昆仑兮四望，心飞扬兮浩荡。"

屈原作品中所说的驾龙，主要指驾驭龙车在太空自由旅行。这种神秘升天的幻象，被秦汉时期的文人想象全盘接纳。乘龙或驾龙，不单纯是一种文学修辞，已成为全民坚定信仰的神话观念。王纲怀《汉镜铭文图集》书后列表，引用《开明堂英华》一书中图50之铜镜，该铜镜铭文中有"乘云驾龙"一句，其全文曰：

> 吾作明镜，幽涑三商。雕刻无祉，配像万疆。白牙举乐，众神见。天禽四首，衔持维刚。边则太一，乘云驾龙。选从

群神，五帝三皇。诛讨鬼凶，常服者富贵。师命长。

铭文中体现了凭借神龙而升天的信念。可见，龙依然是汉代人思维中的主要超自然交通工具。

汉代艺术图像中呈现出全民性的信仰景观。河南洛阳出土的汉墓图像叙事，表现了各种乘龙驾龙的幻想主题，生动地展现出人们借助神龙彻底克服引力束缚的愿望。图3.14中，仙人骑在巨龙背上向天国进发，画面中央的门楣上方，用一字排开的五件玉璧形象，代表此门为天国之门。这种墓葬艺术，是为了服务死者魂灵，导引其踏上升天的旅程。

古语云："云从龙，风从虎。"看一看洛阳出土的汉代彩绘陶器上的图像（图3.15），对于这句话的含义，理解一定会更深刻吧。

如此具体而鲜活的乘龙升天虚拟幻象，其强大的生命力，

图 3.14　洛阳烧沟 61 号西汉墓砖雕造型"乘龙升仙临天门"图。引自洛阳市文管局等《洛阳古代墓葬壁画》上卷，中州古籍出版社 2010 年，第 61 页。

图 3.15 洛阳出土的汉代彩陶升仙图（局部）。引自洛阳博物馆编《洛阳汉代彩画》，河南美术出版社 1986 年，第 87 页。

是否被完整传承下来,保留在中华下五千年的历史之中呢?再看看下面几件器物。

其一,国宝级文物宋代白玉透雕云龙玉佩(图3.16)。北宋时期,因西夏占据了河西走廊地区,和田玉输入中原的通道被阻断。为弥补优质和田玉料的供给缺口,宋人不断发展青瓷烧造技艺,因此宋代陶瓷艺术登峰造极,并东传境外,促进了韩国和日本的青瓷产业。烧造瓷器的美学理想为"温润如玉",这是中国瓷器史上的一贯标准。宋代玉器传世数量较少,以和田白玉制成者更是凤毛麟角。在这样的背景下,这件云龙玉佩意义非同一般。

其二,明代皇室珍藏的金镶白玉镂空雕云龙纹绦环(图3.17),出土于梁庄王墓。梁庄王墓是明仁宗朱高炽的第九子朱瞻垍及其妻魏妃的合葬墓。朱瞻垍即明宣宗朱瞻基之弟。此墓历史上多次遭到盗掘,却侥幸躲过劫难。2001年,湖北考古工作者对其展开发掘,墓中出土的五千三百多件珍贵文物,引起轰动。

其三,在海南岛黎族社区,保存着黎族织贝艺术的代表作"百灵喜贺青龙升天图龙被"(图3.18)。这件作品织成于清代,以青龙升天为题,是乘龙升天幻象一直被传承的确凿明证。

3.16

图 3.16 宋代和田白玉透雕云龙玉佩。作者摄于国家博物馆。

3.17

图 3.17 明代梁庄王墓出土的金镶白玉镂空雕云龙纹绦环。作者摄于湖北省博物馆。

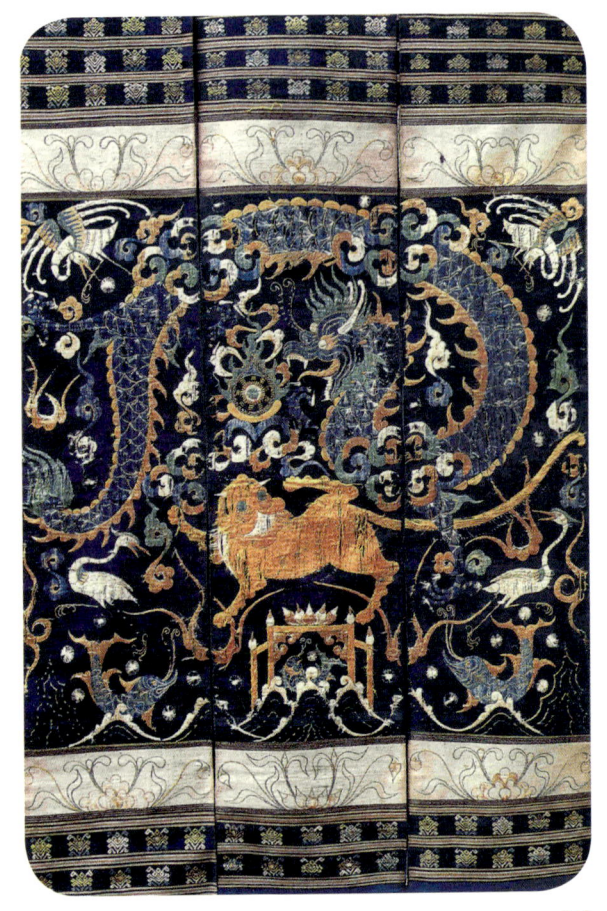

3.18

图3.18 海南岛黎族非遗"百灵喜贺青龙升天图龙被"之刺绣图案。引自蔡于良《黎族织贝珍品·龙被艺术》,海南出版社2003年,第92页。

4 坐骑 座驾
——虚拟龙交通

"坐骑"和"座驾"两个词中,骑指骑乘,驾指驾车。从骑乘某种动物,使之从自然生命种属变成人类的代步工具,到驱使某种动物为人类驾车而驰骋大地,这两种现象都标志着人类技术成就的飞跃式发展。

既然古代中国为"神话中国",技术的现实成就自然要按虚拟神话想象方式来表现。21世纪新发现的陕西定边县郝滩东汉墓壁画就是鲜活的案例,可以作为本章视觉呈现的主要载体(图4.1)。壁画中除了作为神秘交通工具的龙和龙马(图4.2),还有各种虚拟的动物交通工具(图4.3),如能游泳的鱼和善跑的兔子,高翔之仙鹤,远飞之大雁。以龙为交通工具,自《周易》以来已成惯例,但以鱼拉车或以大雁驾车出游,则是罕见的奇观,其实这些形象皆由龙的元宇宙原型派生而来。再加上虎驾、鹿驾、

4.1

图 4.1 车马出行图。引自徐光冀主编《中国出土壁画全集》陕西分卷,科学出版社 2012 年。

图 4.2 独驾龙车景观。引自徐光冀主编《中国出土壁画全集》陕西分卷。

4.2

图 4.3 白虎驾天车景观。引自徐光冀主编《中国出土壁画全集》陕西分卷。

貘驾天车升空等各种景象，堪称图像版的古代幻想大会。

人类在进化过程中，自觉地开始利用其他动物为自己的出行服务。有三种体格壮、力气大、脚力非凡的动物，在几千年前开始被人类役使，按照被驯化的顺序，它们分别是牛、马、骆驼。

当然，不能用"破天荒"一词来形容上述三种动物的驯化一事，毕竟家犬的驯化历史要长得多。笔者的小文《说"献"：犬文化万年观》[1]中提到，从狼到狗的驯化史，标志着人类第一次完全改变了生物原有的习性，使这种生命完全服务于人类的需要。狗之后出现的驯化动物基本都是为人类提供肉食的，如猪、鸡、羊等。但人类驯化马和骆驼，不是因为要食用，而是因为要役使。

---

1. 叶舒宪、李继凯主编《文化文本》第二辑，中信出版集团 2023 年。

人类生活有"衣食住行"四项基本要求,就满足人类出行需求来说,家马堪称伟大的交通工具。尽管在北极地区也有狗拉雪橇满足出行需要的,但狗并不像马那样对人类文化的总体演进发挥着举足轻重的助推作用。端详图 4.1,这是在家马传入中国一千多年之际,北方黄土高原的民间画匠表现人马关系的杰出艺术品。只看高头大马和车主人的比例,就不难体会到,这分明是在表现神话化的座驾之神圣与威武。仅一个马头,体积就与马车上的驾车人和乘车人相当。这种有意夸大的马与人的比例,使整个画面具有一种充满神异性的空间感:人的渺小与天马的伟岸身姿,会给观者带来某种心灵上的震撼——这就是传说中的升天旅程吗?

的确,以这样的比例关系画出的马,其实是在隐喻龙马、

4.4

天马。《尔雅》中说："马八尺为龙。"和 21 世纪新发现的贵州紫云县麻山苗族丧葬礼仪史诗《亚鲁王》对照来看，这幅汉墓壁画别有深意。讲唱《亚鲁王》的仪式中有个不可或缺的环节：砍死一匹活蹦乱跳的家马，让它和死者一起结束在阳界的生命，驮载着死者的魂灵，二者一起奔向遥远的天国（图 4.4）。

如果对葬礼上宰杀活马的仪式心存疑惑的话，可以去读与史诗同时出版的副本诗《砍马经》。事实上，不只苗族人拥有冥马神话观，我国西南少数民族，尤其是留下《冥马经》的拥有文字的民族，如纳西族、彝族等也是如此。

想一想，先民如果没有驯化马和骆驼作为生物交通工具，

图 4.4 《亚鲁王》葬礼讲唱仪式现场：砍马前东郎以酒祭马。引自中国民协主编《亚鲁王》，中华书局 2011 年，图版册第 78 页。

图 4.5 秦始皇帝陵出土的铜车马，能够体现成语"驷马难追"的含义。

那从古到今的人类文明史,会是什么面貌呢?英国学者彼得·沃森在《大分离——旧大陆与新大陆的历史与人性》中开始以全新的视角思考地域差异造成的人的分化:旧大陆驯养了马,新大陆没有马,这一事实如何塑造了两个大陆上的人的面貌?

对地处亚洲东端的中国来说,需要反思的问题是:若不是西周统治者为抵挡西部骑马民族的威胁(周王朝最终还是为骑马的犬戎所灭),分封了专职养马的秦人,那还会有后来的秦帝国吗?没有因专业养马而获得的非凡战斗力和机动性,秦国能横扫六国,统一天下吗?(图 4.5)

如果这个问题的答案是不能,那么家马被引入中原的意义比被引入美洲新大陆的意义更值得我们思考。无论是作《春秋》的孔子,还是写《史记》的司马迁,都不曾想过这样的问题:历史,岂会只是人类的独角戏?坐骑和座驾的出现,意义何其重要!二者在近现代的升级换代,即汽车工业革命,间接引发了能源竞争。现代的人类以民族国家的名义而厮杀搏斗,有多少是因为古往今来的仇恨,又有多少是因为资源竞争!

对于古代中国来说,马的驯化与驾车技术都是由其发源地——欧亚大陆腹地的中亚草原逐渐传来,从游牧民族地区传到定居农业人群中。先秦时期赵武灵王"胡服骑射"说明,一支由农业文明的主体成员——农民组成的军队,必须向游牧民族学习骑射技术。如果农业人口固守自己的生活习惯,那么在与游牧民族发生冲突时,其军事劣势就会尽显无遗,即便修筑万里长城，也不可能阻挡金戈铁马的屡屡冲击。

马在商代传入中国，对华夏农耕文明的现实意义如上所述。下一章要借助端午龙舟竞渡的礼俗，讲解作为交通工具的水上龙舟和天上龙车的隐喻关系。仍以系列图像来进行说明，以期给读者提供沉浸式的视觉体验。

2003年和2005年分别在陕西定边县和靖边县东汉墓葬出土的这些画作所表现的时空非常固定，它们说明两千年前黄河上中游地区的先民，是如何积极调动神话幻象元宇宙的能量来面对死亡降临的那一刻的。

定边县与靖边县都地处陕北黄土高原，位于陕西与内蒙古接壤的毛乌素沙漠边缘。定边县郝滩乡和靖边县杨桥畔镇相距仅几十公里，两地墓葬年代也相近，在其中所发掘的皆为东汉彩绘壁画。定边县郝滩汉墓主画面展现了墓主魂归天国的必经之路——以西王母为主神的昆仑神山景观（图4.6）。辅助的画面包括各种升天专用的玄幻版交通工具，除了两种现实中存在的座驾——马车、牛车之外，还有十二种虚拟的座驾，分别由九种动物充当驾车者。九种动物中出现频次最多的是龙。龙车以驾车之龙的数量分为三类：独驾龙车，双驾龙车（图4.7），四驾龙车。

其次为两种鱼车：独驾鱼车，三驾鱼车（图4.8）。再次是白虎车，双鹤车（图4.9），兔车（图4.14），貘车（图4.15，此图目前的解说词用的是笼统的说法——兽车，据兽的身形推测为貘），双驾象车，鹿车（图4.13），四驾大雁车（图4.11）。

4.6

图 4.6　朝拜昆仑西王母图。西王母端坐昆仑神山之巅，下方是由一只神蛙指挥的龙乐队。神龙翩翩起舞，龙头上方有类似龙舟的超自然云舟。云舟上方有红旗，上书"大（太）一座"。其右侧为鱼驾云车。画面最下方是魔怪敲击编钟的玄幻场面。引自徐光冀主编《中国出土壁画全集》陕西分卷。

4.7

4.8

图 4.7 双驾龙车，驾车仙人散发，穿右衽红衣。车为彩色云车。引自徐光冀主编《中国出土壁画全集》陕西分卷。

图 4.8 三驾鱼车。引自徐光冀主编《中国出土壁画全集》陕西分卷。

4.9

4.10

4.11

图4.9 与"驾鹤西游"完全不同的另类版本"双驾鹤车"。驾鹤车的神仙头戴黑色圭形冠。引自徐光冀主编《中国出土壁画全集》陕西分卷。

图4.10 驾鹤西游的标准版：仙人骑飞鹤，招魂幡迎风招展。引自徐光冀主编《中国出土壁画全集》陕西分卷。

图4.11 四驾大雁车。四只大雁在太空奋力拉车前行，这是迄今所见最匪夷所思的幻想场景。画匠为何要以大雁取代牛、马、鱼或龙充当驾车者？引自徐光冀主编《中国出土壁画全集》陕西分卷。

《中国出土壁画全集》的编写者在描述驾车之仙人形象时，说驾鹤车的"神仙头戴黑色圭形冠"（图4.10）。为什么仙人要戴"圭形冠"？周秦两汉的玉礼器中常见圭璧组合（图4.12）。一般认为玉璧代表天门，玉圭以尖端或圆端造型，是代表向上的升天动力吧。

如果把图4.16中的这个铜网格形器物理解为一个四抬大轿，那么侧面的四条龙就相当于四位轿夫。龙重要还是龟重要的疑难问题，至此破解；此外，金属重要还是玉重要这一问题也据此得到解决。

因为形状特异，无从对证，图4.17中这件三千年前的器物

图4.12　秦始皇东巡芝罘岛时用一玉璧一玉圭二玉冲牙祭祀东海。作者摄于烟台博物馆。

4.12

057

被考古工作者暂时命名为"奇奇怪怪青铜器"。不管其形状多奇怪，器身上的神龙形象还是显而易见的。笔者曾对此器物进行尝试性神话学解读，文章刊登在 2022 年 8 月 18 日的《光明日报》上，于此不赘言。这里只需强调一点，用科学眼光去看古代文物，往往不得其解。一旦学会以虚拟现实的方式观看，离窥见神龙的秘密就不会太远了。

4.13

图 4.13　独驾鹿车。引自徐光冀主编《中国出土壁画全集》陕西分卷。

图 4.14　独驾兔车。引自徐光冀主编《中国出土壁画全集》陕西分卷。

图 4.15　独驾貘车。引自徐光冀主编《中国出土壁画全集》陕西分卷。

图 4.16　2022 年三星堆出土的"铜网格形器包裹玉龟背形器"。

4.14

4.15

4.16

059

4.17

图 4.17 2022 年三星堆出土的"奇奇怪怪青铜器"

5 端午龙舟
——源于祭殇仪式

每逢农历五月初五端午节，国人就会郑重纪念大诗人屈原（约前340—约前278）。端午和屈原为什么会结下不解之缘？流行的说法是，端午节的设立，本为悼念投水而死的屈原。吃粽子和龙舟竞渡等，理所当然都是纪念礼仪的组成部分（图5.1）。

20世纪，闻一多先生对传统观念发起挑战，他认为端午节的起源与屈原无关，而是上古时期南方越人纪念本族龙蛇图腾的节日。事实上，早在屈原之前二百年，龙舟竞渡已在江南流行，纪念的对象有春秋时期的伍子胥（？—前484）和越王勾践（？—前465）等。在屈原之后的时代，端午节还增添了新的纪念对象，如东汉的曹娥等。纪念的人物虽不同，民间礼俗背后的神话信仰逻辑却是一致的，即认为冤屈而死的人，其冤魂一定会作祟，进而威胁到整个社会的安全。就连自然现象钱塘江大潮，都被先民们命名为"伍子胥潮"。可知神话信仰中的冤魂具有多么巨大的潜在负能量。唯有通过社会性的禳解礼仪,才能有效释放此种负能量。

若要刨根问底地追寻端午礼俗的源流,必须先回答一个问题:在伍子胥之前,是否存在龙舟竞渡等端午习俗?答案是肯定的。其实,所有在端午节得到纪念的有名有姓的具体人物都是后来者,最初被纪念的人是谁根本无从考证。但有一点可以肯定:端午节纪念的所有历史人物都有一个共性——皆含冤而死,未得善终(即未获正规的葬礼待遇)。这个事实,为探索端午节起源之谜提供了重要的思考方向。

为什么民间社会要动用群体力量,去祭奠那些未得善终者呢?原来是为了用定期举行的礼仪活动来抚慰和超度死者的冤魂。

图 5.1 宁波市鄞州区出土的战国铜钺上的羽人竞渡图像。作者摄于宁波博物馆。

5.1

冤魂，又称"孤魂野鬼"，是上古信仰中能引发人间灾祸和疾病的重要因素。先民认为，只有通过定期的仪式超度它们，才能保障社群安全，使部落中人免遭瘟疫和天灾。端午在夏至前后，正是一年之中季节与阴阳转换的节点。包粽子和龙舟竞渡，均起源于这种定期的禳灾仪式。

现代学界承认端午节的起源与纪念屈原无关。端午纪念屈原，是六朝之后的误认和嫁接、附会。要揭示端午起源，得参照屈原《九歌》中的上古神话礼俗。几千年来延续至今的端午礼俗之谜，需要借助战国时期楚国的作品才能得到破解，奥秘就藏在《九歌》的总体结构和篇名中。闻一多指出，现存《九歌》共十一篇，首篇《东皇太一》是迎神歌，末篇《礼魂》是送神歌。中间九篇为娱神歌。这些篇目合起来构成完整的祭神礼仪节目系统：载歌载舞的表演行为如同原始戏剧，始于请神，终于送神。

《九歌》后三篇，名为《山鬼》《国殇》《礼魂》。聚焦每篇的关键字，则是"鬼""殇""魂"。三者为近义字，可组合为词，如鬼魂、殇鬼、殇魂。三者语义皆指向神，即某种超自然的生命存在。《楚辞》的篇目，在《九歌》之外，还有相传由宋玉所作的《招魂》。这些作品都体现了古代有关死后生命的神话观。宋人刘克庄《上十四吟十首》兼用此三字，写下"招国殇魂鬼亦悲"的诗句。

先民坚信，人的生命可划分为二，肉体生命有生必有死，精神生命——灵魂，则不死。招魂的礼仪就是针对不死之魂的。

可为死者招魂，也可为生者招魂。后者是巫医治疗常用的手段。

《礼记·郊特牲》将鬼神祭祀分为两种：直祭和索祭。索祭，是不知"神之所在"的祭礼。所有非正常死亡者的孤魂飘荡在宇宙天地之间，不知其确定的所在，只能在特定时间（五月初五）、特定地点（水畔），采用求索和召集的礼仪歌舞方式，辅以粽子类的食物祭品、兰草类沐浴防疫药汤、五色丝一类辟邪法物，共同构成禳解仪式。简而言之，直祭对象是明确而固定的神主，索祭对象则不知所在。索，意如"招"。端午祭针对所有冤死的孤魂而设，是典型的索祭。在水边招魂，则源于史前社会的一种古俗，至先秦两汉乃至唐宋之后其俗仍存。

那么，龙舟竞渡为什么会有禳灾防疫的礼仪效果呢？

这需要从瘟神信仰和神话方面进行探求。古人坚信，人间遭遇瘟疫，不是自然原因，而是超自然原因造成的。非正常死亡者的游魂，对人间的威胁性最突出。龙舟包含承载和超度亡魂之意，同时也有光明正大地送走瘟神的象征意义。宋代《岳阳风土记》中提到竞渡礼俗，其舟船均归属于江畔的寺庙，竞渡的宗教祭祀和禳灾、送瘟神功能，在书中得到明确的说明："四月八日，取羊桐叶、渐米为饭，以祀神及先祖。濒江诸庙皆有船，四月中择日下水，击画鼓集人，歌以棹之，至端午罢。其实竞渡也，而以为禳灾。民之有疾病者，多就水际设神盘以祀神，为酒肉以犒棹鼓者。或为草船泛之，谓之'送瘟'。"

毛主席有《送瘟神》诗二首，体现着我国流传数千年的古

图 5.2 温州市瓯海区龙舟竞渡。作者摄于温州。

老民俗背后的神话病因学原理。从《楚辞》的《礼魂》《招魂》,到《送瘟神》,文学史表象背后的"文化文本"的决定作用已显而易见。而《国殇》的"殇",则有助于破解端午礼俗的文化密码。

文学人类学方面的文史研究,倡导学科交叉的四重证据法,努力重构失落已久的文化文本原貌。作为第三重证据的民俗,为什么能够激活整体性的文化文本?答案就在古人所说的"礼失而求诸野"中。而当今的人文社会科学界,则有"心灵考古"或"人文知识考古学"等不同说法。这也是"神话中国"命题研究的初衷。

2020年9月6日,温州市瓯海区组织中国民间文艺家协会专家组考察本地端午节龙舟竞渡实况，并召开相关的非遗之乡申报评审会。笔者仔细研读了申报材料，并在会上做总结发言：瓯海龙舟祭典的六阶段仪式，是从远古传承至今的珍稀礼俗遗产，其中保存着解读端午节龙舟礼俗起源的古老密码。这个观点引起了参会者和媒体的兴趣。

温州瓯海龙舟竞渡以民间隆重祭祀典礼的形式呈现，其全套程序包括六个节目（图5.2，图5.3）。起首的节目称为"点殇"，收尾的节目称为"收殇"[1]。这一首一尾相互呼应的两个带"殇"字的祭奠名目，已经清楚地透露了龙舟赛事的本源。其本源并非今人所理解的体育竞技，也不是闻一多先生推测的越人图腾

图 5.3 明代龙舟之龙头。作者摄于温州博物馆。

---

1. 徐高发主编《瓯海龙舟》，中国戏剧出版社 2011 年，第 64 页。

崇拜，而是地地道道的祭神送鬼（魂）的驱瘟禳灾礼俗行为。

瓯海龙舟竞渡的另一个地方特色是完整保留了在仪式上讲唱的古俗。其唱词名为"参龙词"。其中的《龙舟倒退》一首，用两句唱词点明了竞渡仪式的社会功能：

> 龙头进入菩萨保，
> 龙尾退出把殇收。[1]

龙是先民想象中能够前往海陆空三界的神圣交通工具。龙舟下水，一方面可引来超自然神力的保佑，另一方面则将游荡在寰宇中的冤魂野鬼悉数收走并加以超度。屈原《国殇》的末句"魂魄毅兮为鬼雄"，表明战死者的鬼魂和冤死者的鬼魂是同类，是群鬼中最厉害的，故被称为"鬼雄"。它们一旦发起对生人的攻击，其后果不堪设想。元代无名氏所作《朱砂担》第四折中说：

> 我如今冤魂不散，
> 少不的和你索命。

此语在古代的信仰社会中是掷地有声的咒语。战死、冤死

---

[1]. 徐高发主编《瓯海龙舟参龙》，中国戏剧出版社2011年，第38页。

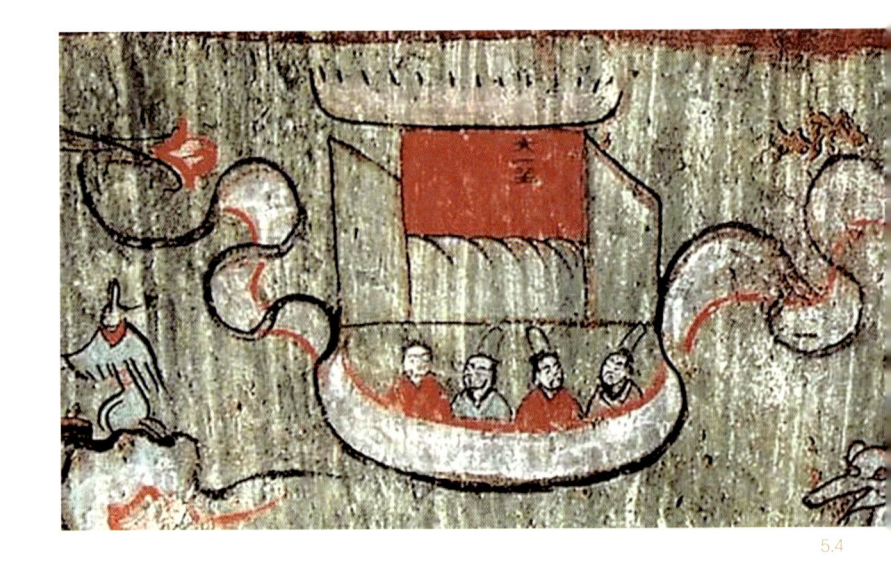

图 5.4 太一座云舟图。引自徐光冀主编《中国出土壁画全集》陕西分卷。

图 5.5 以龙为舟。云南元阳彝族祭祀图鉴。引自普学旺等编《彝族原始宗教绘画》上册，云南民族出版社 2005 年，第 194 页。

和早死，都属于非正常死亡现象。先民确信此类亡魂是无家无主的游荡魂灵，并以一个专有名词来概括它们："殇"。温州瓯海龙舟祭典，是保留殇祭古俗的活化石，我们可以借之进行贯通古今的文化理解。

对于"殇"的解释见诸多种古籍。《小尔雅·广名》说："无主之鬼，谓之殇。"《康熙字典》说："又死于国事，无主之鬼曰殇。《楚辞》有《国殇》篇。"萧统《文选》李周翰注："横死曰殇。"

"无主之鬼"，就是无家之鬼，无人管、无人祭奠。凡横死、

5.5

夭折者均属此类。半途而亡者，谓之夭，殇与夭是近义词。晋孙楚《征西官属送于陟阳候作》云："莫大于殇子。彭聃犹为夭。"

《汲冢周书》将殇分为三类："短折不成曰殇，未家短折曰殇。又死于国事、无主之鬼曰国殇。"

以活态文化的第三重证据激活文献记录的古代不解之谜，是文学人类学研究范式的特色所在。参照民间礼仪活动中的殇祭与以龙为舟的虚拟现实（图5.4，图5.5）观点，重新解读屈原《九歌·国殇》的内容，是整体激活古今延续不断的文化文本传承的关键。

殇祭与龙舟祭典是民间信仰中对不散阴魂的超度和禳解，如今的瓯海龙舟祭典，还保留着千百年来传承的由信仰和神话观支配的仪式程序。其仪式开始于点香，终结于收仙。点香又称点仙、点殇[1]。这不仅对应着《九歌》的结构，也与民间各类祭祀仪式的惯用程序吻合，体现着请神（仙）送神（仙）的一整套祭拜礼俗的原貌。若没有这个祭典背景，端午的真相恐怕很难被当今的人们所理解。

温州瓯海龙舟赛事中还有"参龙"唱词，作为民间文学传承的载体，这种唱词过去被认为不登大雅之堂，因而在多数地区早已失传，造成了文化断裂现象。如果后人无法恢复最初的

图 5.6 山西侯马晋国祭祀坑出土的回首龙玉佩。作者摄于侯马晋国古都博物馆。

图 5.7 湖北荆州熊家冢出土的东周乘龙升天玉佩。作者摄于荆州博物馆。

---

1. 徐高发主编《瓯海龙舟》，中国戏剧出版社 2011 年，第 27 页。

文化记忆，真相将永远被尘封于历史。如"参龙"唱词中的《收神仙》：

仙风吹下御炉香，龙舟游嬉收神仙。
收齐神仙三十六，鸣锣击鼓把船开。[1]

从这四句唱词中可以看出，龙舟赛与锣鼓演奏原本都与民间请神送神的仪式绑定。一旦原有的绑定关系丢失，龙舟活动

5.7

---

1. 徐高发主编《瓯海龙舟》，中国戏剧出版社 2011 年，第 39 页。

就成为今人眼中纯粹的体育赛事了。如果说当今以水上运动形式表现的龙舟活动是后世对文化文本再编码的结果，那么，要探索先民龙舟活动起源的真相，就只能透过文化再编码的假象，去努力探寻其文化原编码了（图5.6，图5.7）。

《九歌》最后一篇为《礼魂》，是送神之意。吴广平注《楚辞》云："《礼魂》是祭祀前面十神结束后的安魂歌、合奏曲、狂欢舞。……场面宏大，气氛热烈。"[1] 无独有偶，瓯海民间龙舟赛的"参龙词"中也有《送神》一首，末句云："一切神明安原位，凤飞龙归收神仙。"[2] 正可作为吴广平所说的注脚。

综上所述，端午礼俗受远古神话信仰的影响很大。冤死横死者，其鬼魂会对社会构成极大威胁。冤魂游魂之类，因为是生前遭遇冤屈而死于非命之人的灵魂，依照民间观念，它们会向生人索命。于是，受神话观支配的社会必然要采取各种方式，超度在宇宙中飘荡不定的游魂野鬼。端午祭典就是为这一目的而定制的一年一度的礼仪活动。由于时过境迁，信仰失传，今日节庆的主流成为娱乐。

文化文本分析的解码目标，是找出文化的原编码。而毫无例外，原文化的编码都由神话观念所决定。

1.《楚辞》，吴广平注释，岳麓书社2004年，第85页。
2. 徐高发主编《瓯海龙舟》，中国戏剧出版社2011年，第42页。

6

辟邪神器
—— 刚卯、司南佩之谜

对于华夏先民而言，玉器是神灵的载体，能够彰显正能量。古人不仅用"精"这个字来比喻这种超自然的能量，还会在多种场合利用玉承载的能量，去驱邪逐疫、减灾护身。自汉代开始流行的"辟邪三宝"民俗，就是用三种佩玉来实现上述目的的。

刚卯和严卯，是一对小方柱形玉器，加刻铭文，中央穿孔，系丝绳佩戴在身，作为护身符。汉代人将刚卯视为防疫的精神武器，用灵物+咒语的方式，驱邪祛病、护佑主人。刚卯的铭文是统一的咒语：

正月刚卯既央，灵殳四方，赤青白黄，四色是当。帝令祝融，以教夔龙，庶疫刚瘅，莫我敢当。

咒语中，呼唤宇宙最高神圣——天帝出场。天帝命令火神祝融，调动武功高强的夔龙，将它们的神力注入小小的玉刚卯中，以此来抵挡魑魅魍魉和病魔邪神（图6.1）。用刚卯辟邪的实践活动，再次体现了玉龙一体的文化观念。二者之能量可以相互作用，释放出一加一大于二的神效。玉，成为天帝及其下属神灵的共同载体，夔龙则成为其对外御敌的主力干将。

《周礼·考工记》郑玄注云："终葵，椎也。"就此而言，椎字的分解音读"终葵"；终葵二字的合音读"椎"。古代有终葵氏，是《左传》所记殷商遗民七族之一。既然七族中的六族人都以职业为氏，那么椎氏或终葵氏，应指商代社会中专门制作椎类工具的工匠群体。

图6.1 上海博物馆藏汉代玉刚卯。作者摄于上海博物馆。

图6.2 良渚文化的方锥形玉器。桐乡新地里遗址出土。作者摄于桐乡博物馆。

6.1

椎不同于锥。二者皆可用作兵器，椎的用法是击，锥的用法是刺。许慎《说文解字》："椎，击也，齐谓之终葵。从木，隹声。"如果椎是一种击打工具，那显然不同于锥（子）。当代有学者根据良渚文化出土的玉锥形器，认为钟馗别名终葵，玉锥形器就是钟馗的原型。这种观点似混淆了椎与锥的形制区别，值得商榷。

从石器时代到早期文明国家，兽角、锥子、凿子、斧子之类有尖端或利刃的工具，从来都有双重功用：现实的工具和精神的武器。其后一种功用主要为对付隐形的危险敌人——鬼魂及各种精灵、魑魅魍魉。使用利器辟邪驱鬼和使用人格化的武将钟馗驱鬼，道理是一致的。但是，棍棒打鬼更为常见，它毕竟不同于刺击用的尖状器。良渚文化的玉锥形器有两种形制，圆锥形和方锥形。二者的差异化外形，应是体现其不同的功能的。方形的长而大，近似打鬼棒；小而圆者，则未必是驱鬼用的辟邪器物。就此而言，方形的玉锥形器似应改名称为玉方棒，或玉棒槌。其辟邪驱鬼的神圣正能量，就和其方刚造型有关。

2019年第十五次玉帛之路环太湖考察期间，我在浙江桐乡博物馆拍到一件形制较大的良渚玉锥形器，长达六十厘米，其刚劲有力的四方边棱被突出刻

6.2

画（图6.2）。曾侯乙墓也出土了类似刚卯的玉器，玉学研究界认为这是无字刚卯，即汉代流行的刚卯之原型。这表明，长方体并有尖状头的这种史前玉兵器，在良渚文化灭亡之后并没有完全消失，而是变相地被传承下来。在商周两代再度分化，其支流则从打鬼辟邪的玉质方棒，演化成小长方块状。直到汉代人用文字将辟邪咒语明确写到刚卯的四个面上，这才昭示四方形玉器所蕴含的神话宇宙观（图6.3）。原来工匠将玉棒琢磨出规则的四方边棱，是希望玉质刚卯中的正能量能够通达宇宙四方，让鬼魅病魔之类无处遁形。四方象征宇宙空间，这在刚卯和严卯的刻词中表达得很明白。下面是严卯刻字：

疾日严卯，帝令夔化。慎尔周伏，化兹灵殳。既立既直，既觚既方。庶疫刚瘅，莫我敢当。

刚卯和严卯上两段咒语的结尾相同："庶疫刚瘅，莫我敢当。"这是让所有的瘟神厉鬼都莫近吾身的意思。没有万年以来传承不断的玉石神话信仰，怎会有认为玉佩具有强力辟邪功能之底气？汉人为何对此类方形玉佩有如此的自信，相信它们能够保佑佩戴者抵御所有的外部超自然力的侵害？主要原因已在咒语中得到揭示。"灵殳四方，赤青白黄，四色是当"，这几句说得很清楚。在古人的神话宇宙观中，用四色代表东南西北和春夏秋冬。严卯的咒语"既立既直，既觚既方"八字，正是在描述方形玉佩的形状特征。刚卯和严卯均体现了驱邪辟鬼要采用方形玉器的信仰原理。这显然是继承自上五千年良渚文化方形大玉棒槌的精神防卫理念。同五千年前的玉方椎相比，与两千年前的玉辟邪相关的神话当然还要借助人格化的神圣想象，即所谓"帝令祝融，以教夔龙"和"帝令夔化"。

汉代民间治病，也遵照以方椎驱鬼辟邪的信仰原理。马王堆出土的古医书《五十二病方》中，就有以木棒和铁棒捶打病魔的秘方。

> 颓（癞）：
>
> 操柏杵，禹步三，曰："贲者一襄胡，贲者二襄胡，贲者三襄胡。柏杵臼穿，一母一囗，囗独有三。贲者种（肿），若以柏杵七，令某償（癞）毋一。"必令同族抱囗颓（癞）者，直（置）东乡（向）窗道外，改椎之。
>
> 一，㿗（疝），以月十六日始毁，禹步三，曰："月与日相当，日与月相当。"各三；"父乘母强，等与人产子，独产颓（癞）九，乘已，操蕸（锻）石毄（击）而母。"即以铁椎改段之二七。以日出为之，令颓（癞）者东乡（向）。[1]

此处所记两种治病方式，一种是用柏木棒（柏杵）"改椎之"；

---

1. 周一谋、萧佐桃主编《马王堆古医书考注》，天津科学技术出版社1988年，第137—138页。

另一种是"以铁椎改段之"。帛书整理小组注:"改,逐鬼。椎,捶击具,如本条所述的柏杵(木椎)等。改椎之,意即用木椎敲打疝部。"如果汉代医学界内病外治还采用椎打方式,回望从良渚文化玉方棒到刚卯的神话医疗神器,其功能就更容易理解了。[1]

中国最古老的人格化的门神是神荼郁垒,二者和终葵(钟馗)一样,皆源于上五千年就已经十分流行的玉兵器辟邪驱鬼信仰,这是上五千年文化基因决定下五千年文明礼法的生动案例。"荼"即"瑹",即"杼首",是尖头的"椎",与尖首

图6.3 河北景县广川乡出土的东汉玉刚卯。引自古方主编《中国出土玉器全集》第1卷,第220页。

图6.4 黑龙江小南山遗址出土的玉匕,距今九千年。作者2023年8月2日摄于黑龙江省博物馆。

---

1. 可参看文学人类学方面的前辈学者萧兵先生的《辟邪趣谈》(上海古籍出版社2003年)的第十部分。

圭形状一样，暗喻尖锐的利器。郁垒又作郁礨（雷），是一切阴邪与鬼魅最害怕的雷神。民间百姓至今还信仰天降下的陨石或斧钺凿锥皆有治病功能，美称其为"雷公斧"。早期曾来到中国的美国人类学家劳费尔所著《中国古玉》中对此有所说明。了解此类民俗对理解刚卯的辟邪祛病原理亦有帮助。

《周礼·玉人》："大圭长三尺，杼上终葵首，天子服之。"郑玄注："终葵，椎也。"许慎《说文解字》："椎，击也，齐谓之终葵。"汉代马融《广成颂》："挥终葵，扬玉斧。"表明古人以椎逐鬼，如大傩之执戈扬盾。终葵本为逐鬼之玉兵器（尖首圭），后人用其名称的谐音造人名，意思还是逐鬼之人，附会为食鬼之姓钟名馗者。

辟邪三宝之二为玉翁仲。之三为司南佩，是指南针的祖

6.4

型,通常呈现为一把勺子。其指示南北方向的原理,如《论衡·是应篇》所说:"司南之杓,投之于地,其柢指南。"按照神话中国的造物原则,司南是黄帝在与蚩尤大战的危急时刻发明的指南车。现实中的食具勺子和交通工具车,都通过初民的想象被投射到天上,比喻北斗七星的形状。古人坚信人死后可以化作星辰,某些神奇的宝物也可化作星星。一则采自河北承德的神话传说中说,北斗原为织女手中的勺子,勺中镶嵌着七颗明晃晃的珍珠;另一则采自辽宁大连的神话传说中说,一只宝物斗,里面有七颗珍珠,升天变成北斗。除了珍珠,美玉也常被用来比喻星星。北斗七星的原名就体现了这类联想:天

图 6.5 小南山遗址出土的玉匕形坠,距今九千年,玉器受土沁后呈现为鸡骨白状。作者摄于黑龙江省博物馆。

图 6.6 内蒙古敖汉旗兴隆洼遗址 22 号房址出土的玉匕,距今八千年。引自中国社会科学院考古研究所等编《玉器起源探索》,第 140 页。

枢、天璇、天玑、天权、玉衡、开阳、摇光。七个名称要么指向天、天光，要么指向玉。这就为研究玉文化之起源指出了天人合一的神话学思路。

考古发现表明，从玉匕到玉勺，是一个漫长的发展演变过程，这样的玉质器物在我国已经有九千多年的历史了。

2023年8月2日，第十六次玉帛之路文化考察，笔者抵达黑龙江省博物馆，观摩刚开展不久的"玉见南山"特展。展品出自饶河县的小南山遗址，其中有几件玉匕（图6.4），一件较短，标注为"匕形坠饰"（图6.5）。其实这坠饰还是玉匕，就好像现实中用餐的勺子，有长把儿的，也有短把儿的。

小南山先民尚未进入农耕社会，依然延续着石器时代早期狩猎采集的生活方式，但是已有房屋建筑，开始定居生活，并有充分的闲暇时间从事切磋琢磨的手工制作，生产出大量的玉器，就连玉匕都分长短。这样的情况，完全超出我们的常识。若不是亲眼见到实物，谁能料想到呢？玉匕真是勺子，是用来吃饭的吗？未必。匕字，本义指勺，属于食器。匕字后来又引申出匕首之义。《玉器起源探索》一书，由中国社会科学院考古研究所与香港中文大学合编，将中国玉器的起源上溯到内蒙古赤峰市敖汉旗兴隆洼文化玉器，其中的代表性器形之一便是玉匕，该书称其为"玉匕形器"，并推测其来源是骨匕（图6.6）。在兴隆洼文化之后的西辽河地区史前文化，如赵宝沟文化和红山文化中，玉匕似乎并没有流行起来。但从吉林和黑龙江的史前玉器上则可看出明确的传承脉络。如 1983 年黑龙江庆安县勤劳镇莲花泡遗址出土的玉匕，在李陈奇等编的《黑龙江古代玉器》中被标注为玉佩（第 53 页）或玉簪（第 55 页）者，因其造型不是平面的而是弧形的，且有槽，故均应命名为玉匕。在吉林白城市大安市红岗子乡后套木嘎遗址、白城市镇赉县聚宝山遗址、白城市通榆县敖包山遗址也都出土了玉匕，后者为黄绿色透闪石玉质，头部钻有三个孔（图 6.7），似乎有什么神秘含义。此三处出土的玉匕产生于距今六千年至七千五百年间，均早于内蒙古通辽市科尔沁左翼中旗舍伯吐镇哈民遗址出土的玉匕。可知吉林出土的玉匕，相当于黑龙江小南山玉匕和科尔沁草原

6.7

图 6.7 吉林白城市通榆县敖包山遗址出土柄端三孔玉匕。作者摄于白城博物馆。

图 6.8 内蒙古通辽哈民遗址出土的虫首形玉匕。引自吉平、邓聪主编《哈民玉器研究》，中华书局 2018 年，第 133 页。

6.8

的哈民遗址玉匕之间的传播中介。其中介意义,既是时间上的,也是地理空间上的。

2015年发掘的位于科尔沁草原沙地的哈民忙哈遗址,距今五千多年,玉匕形器得到一定的传承,而且和前代的形制不尽相同。不同的部分是在玉匕首部刻画出了虫类动物形态[1]。文物出版社2018年出版的辽宁省博物馆学者张鹏飞编著的《东北史前玉器研究》,将这种玉匕称为"虫首匕形器"(图6.8),并展示了八件虫首匕形器的彩色照片,其中仅有一件是辽宁朝阳市民所办博物馆的藏品,其余未知出处。如果这些文物可信,那么加上吉林后套木嘎遗址的玉匕,目前已面世的"虫首匕形器"有近二十件。它们并没有分布在赤峰到朝阳地区,而是在更北的地区,这是耐人寻味的现象。如果只是吃饭用的食器,雕琢出昆虫头首,费工费时,先民何必如此呢?其真实用意仍有待探索。

就在北方红山文化走向衰落,玉匕形制演化为哈民类型的虫首形玉匕时,南方长江下游地区的玉匕则演化为标准的玉勺(图6.9)。其中最杰出的代表是安徽含山县凌家滩遗址出土的玉勺,其造型和今日人们餐桌上的勺子几乎没有什么区别。这时,距离国内最早的玉匕出现之时,已有四千年了。随后在杭州湾地区的良渚古国,玉勺更是批量出现在贵族墓葬中。

---

1. 吉平、邓聪主编《哈民玉器研究》,中华书局2018年,第99、104—105、114页。

图 6.9 良渚遗址出土的玉勺。瑶山征集品。良渚遗址管委会供图。

面对这些五千多年前的玉勺，人们不禁要发问：这是吃饭用的东西吗？未免太奢侈了吧。当时光机再向后世转动三千年，玉勺出现在汉代玉器中时，谁承想，它竟然承载着神圣的宇宙观意义，被称为司南佩，与玉刚卯、玉翁仲一起，合称"辟邪三宝"。一般认为，汉代的玉司南佩是指南针的雏形。它是分两节的柱状体，顶端刻画出勺子形，模拟北斗星，以北斗的勺柄指明南北方向（图 6.10，图 6.11）。

一般的司南佩大同小异，没有太多的讲究。

2023 年 8 月 31 日，笔者在北京妙悟斋观摩一件硕大的玉勺形器，长度为二十五厘米，推测为红山文化时期的大玉勺，在玉勺背面，用钻和阴刻线，明确刻画出北斗七星及其连线（图 6.12，图 6.13，图 6.14）。

这件史前大玉勺，其总体造型体现着华夏先民的仿生学神话想象。它给人的初步直观印象是一只头部如同鸭嘴兽一般的大瓢虫。这应该是初民仰观俯察现实而产生的神话化联想产物，是对北斗七星这样四季旋转不停的巨大天勺形象的玄幻化编码。换言之,将北斗七星设想为天上的巨大生物,并力图以静态的物象体现其运动状态。古玉上常见的勾云纹、卷云纹之类,皆是因同类联想而诞生的产物。从红山文化时期的玉器种类看,先民确实常常把昆虫类,如蝉和螳螂等的形象,雕琢为圆雕玉器,寄托无限的冥想。在古希腊神话的天文观中,北斗和北极星系被视为天熊的形状,称为小熊星座。我们在这里又一次和天熊神话邂逅。汉代人崇奉的太一就是北极星,难怪在汉代艺术作品中常见天熊居中央或骑龙的神秘格局(参看本书图 11.16,图

6.10

6.11

图 6.10 东汉白玉司南佩,高 2.4 厘米。安徽省亳州市凤凰台 1 号汉墓出土,现藏于亳州市博物馆。白玉质,玉质温润细腻。"亚"字形,中间为圆柱形,顶端作勺形,上有一圆穿孔。两侧各琢出一对长方体形。碗形底。引自古方主编《中国出土玉器全集》第 6 卷,第 155 页。

图 6.11 汉代白玉司南佩。北京故宫博物院藏品。作者摄于故宫博物院。

12.14，图 12.15）。

　　已有学者利用民间藏品写出求证指南针起源的论文，发表在刊物上。笔者征得收藏家授权，将这件罕见的史前玉器公之于世。如年代无误，其制作年代比三星堆时期还早很多，那正是可以探寻遥远的史前文化基因的时代，或许可为进一步求索司南佩和指南针的史前文化起源及虫首形玉匕的由来提供重要的线索。

图 6.12　史前的大玉勺（正面）。北京妙悟斋藏品。作者摄于北京妙悟斋。

图 6.13　史前的大玉勺（背面）。长 25 厘米，最宽处 8.5 厘米。作者摄于北京妙悟斋。

图 6.14　史前大玉勺背面刻画的北斗七星。作者摄于北京妙悟斋。

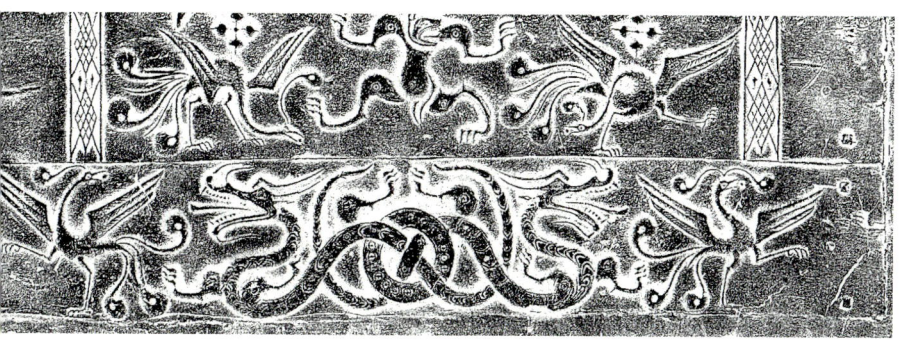

图 6.15 河南新野出土的二龙穿璧、四凤拱卫中央熊神天国图。现存于河南新野博物馆。

图 6.16 天熊信仰的汉代图像证明——陕西神木大保当汉墓门楣画像石。天熊居中央，左右有太阳和三足乌、月亮和蟾蜍。这是一幅完整的神话元宇宙景观。

7 玉生龙（一）
——新六器谱祖型：璧—环

含珠鳞施与骊龙之珠

古汉语表达习惯中既有"玉帛"连称的现象，也有"珠玉"连称的现象。先秦时期最能牵动统治者眼球的两件国宝，就是简称"隋珠和璧"的隋侯之珠和和氏玉璧。从汉字构成要素看，"珠"从玉从朱，后者贡献珠字的发音，前者则暗示珠在古代分类学中属于玉的一类。这种本土的非科学的分类意识，是以神话类比思维方式为基础的，其实也很好地提示了古人珠玉并称的基本逻辑。

既然珠玉同类，那么前文中尝试通过解码"蛟龙玉匣"来探寻玉和龙之关系的做法，同样可用来探究珠和龙的关系。这方面无须依据《西京杂记》这样的古籍，仅从"探骊得珠"的成语，已经可以看出二者相互依存的信息。古老的神话传说认为最金贵的珠子，不是出自海蚌的白珍珠，而是黑龙口中的黑色玉珠。如果说海蚌生出的珍珠是现实的宝物，那么龙口中的骊珠就是虚拟的神奇宝物。道理就这么简单：龙是人类幻想的一种虚拟生物，更不用说龙身体里流出的血和龙下颌藏着的珠子了！

骊本义指黑马，因为古人把好马、高大的骏马视为神龙所化的龙马，所以又为黑龙取了一个专名叫骊龙。相传只有在骊龙的颌下，才藏有世间最珍贵的宝珠。看来对于虚拟的龙神话

图 7.1 唐代龙首玉带板
图 7.2 清代金嵌珠玉宝石寿字形耳坠

的形成，现实中的宝玉和宝珠，均有自己的贡献。如果龙口中的宝珠仅有经济价值，那就不符合古人的神话思维习惯了。因为从发生学视角看，经济方面的价值其实得自神话信仰的超自然特性。只要看一看神奇的宝玉或宝珠一类的民间故事，真相就会呈现。

以上论述，大致明确了龙和珠玉二者的因果关系：有现实的宝物珠玉为基础，古人才构想出虚拟的龙这种神话生物。从"蛟龙玉匣"这种神秘交通工具的汉代专名，到成语"探骊得珠"和"龙口得珠"，或许读者已经学会了分析事物的小窍门：严格区分什么是现实的，什么是虚拟的。接下来再去体会，我国先民是怎样将现实事物转化为虚拟对象的。"骊龙"和"龙马"这样的汉语词汇，就是现成的教科书。

要理解玉和龙为超自然的交通工具，首先需要积累一些古代文献方面的知识，尤其是《国语》所称

图 7.3 北京明神宗定陵出土的乌纱翼善冠。作者摄于首都博物馆。

7.3

"玉帛为二精"的神话教义；再在此基础上，多去博物馆考察史前和上古的文物标本，按照本书提示的神话仿生学思路去理解和体会，令今人困惑的一些谜团便可以迎刃而解。玉和珠，都是先作为超自然力量的承载物，才得以和神龙发生关联的。后来人通过文化再编码创造出的龙珠组合的新模型，一直流传到当今，那就是"二龙戏珠"。相关的专题探讨，参见笔者2019年出版的《玉石神话信仰与华夏精神》第八章，在此从略。

六器谱：升级换代

过去研究古代玉礼器制度，大都依据《周礼》的六器说，认为琮、璧、圭、璋、璜、琥这六种玉器，是夏商周时代的国家制度的表征（图7.4）。如今看来，六器中除琥外，其余五种都和龙有关。不过百年来的考古发现，基本推翻了旧的礼制成见：六器说根本不是周代的玉礼制，而是反映了汉代人的拟古礼制。已经发现的诸多周代高等级墓葬中，没有一座墓葬中同时出现过这六种玉器。出现数量最多的玉器有两种：玉鱼与玉柄形器。可是周代墓葬中大量的玉鱼和玉柄形器，在《周礼》中连名称都没有出现。研究古代历史和文化要讲四重证据法。出土文物是第四重证据，是铁证。文献的虚实真伪，可以因新证据的出现而得到证实或被推翻。事实胜于雄辩，今天学界不能再迷信《周礼》的六器说了。

知识观需要与时俱进，借助于万年中国大视野的深度认知，可重新建构中国玉礼器发生的真实谱系，以比照大家熟知的六器谱系。若不改变"六"这个意蕴丰富（六合为宇宙，六六寓意大顺）的数，则可以按照考古发现的对象之年代顺序，总结归纳"新六器体系"，再将玉文化催生龙文化的思路落实到每一种玉礼器的发生过程中，做新的阐发。

1. 环璧类：圆形玉器。起源于一万年前的东北地区（吉林）。雕饰有龙形或凤形的玉环玉璧出现在距今三千多年的商周时期。

2. 斧钺类：长条形玉器。起源于九千多年前的东北地区（黑

图 7.4 开封博物馆的六器图

龙江）。在距今三千多年的商代出现龙形玉斧钺，随后又出现龙形的铜钺。

3. 玦类：圆上有缺形玉器。起源于九千多年前的东北地区（黑龙江）。在距今约六千年的红山文化玉玦上，出现龙蛇形刻画。

4. 璜类：半圆形或弯条形玉器。起源于八千年前的东北地区（位于今内蒙古），在距今五千五百年的红山文化中出现双龙首玉璜。

5. 镯琮类：从圆到方形玉器。镯起源于东北，方琮则起源于五千多年前的长三角地区。一开始就为龙形。

6. 圭璋类：长条形玉器。起源于四千五百年前的山东半岛到黄河中游地区。鸟形和龙形，分别出现在距今三千一百年的三星堆玉璋和铜龙造型中。

以上，是本书建构的玉礼器之"新六器体系"，与旧的体系相比有减也有加。

减的方面：合并了《周礼》六器谱中的圭和璋两器；舍去了《周礼》六器谱中唯一的动物型玉器即琥。因为琥正式出现的时间比较晚，也并未覆盖到广大地域，不足以单独成为一类。

加的方面：增加了《周礼》六器谱中所没有的两项，即玉斧钺和玉玦。二者不但非常古老，均在中华上五千年的时段内就开始普及流行，而且在商周时代依然被大量生产和使用。《周礼》的成书年代可能晚至战国及汉代，所以它无法反映周代玉礼器制度之惯例。如将与汉代六器同出同在的国家礼制现实套用于万年玉文化史的前半程,那是不负责任的做法,为本书所不取。

本章的呈现原则:一定要按照考古发现的物证年代,将玉斧钺和玉玦两类九千岁的古老玉礼器堂而皇之地请进新六器体系中,排在已有一万岁的第一类即环璧类之下,成为第二类和第三类。

本章将以出土实物图像进行视觉呈现,以说明每一种玉礼器的发生发展是怎样催生出龙神形象的。其顺序依照新六器体系排列,更通俗易懂的排列法是:将一万岁和九千多岁的三种礼器——璧—环、斧钺、玦封为祖辈,将五千岁至八千岁的两种礼器——琮和璜封为父辈,将不足五千岁的玉礼器——《周

图7.5 吉林省白城市后套木嘎遗址出土的白玉质玉匕形器,距今约六千年。九千多年前出现的玉匕形器,是中国最早的玉器类型之一,在进入下五千年时段后,失传于后世。引自吉平、邓聪主编《哈民玉器研究》,第150页。

7.5

礼》六器中的圭和璋合并为一类，封为孙辈。

　　如此分类法，不是为了标新立异，而是旨在突出本书的核心看点：如何学习以宏大视野，俯瞰万年中国的全程及全程中的主要节点。排在祖辈和父辈的五种玉礼器，均属于上五千年的文化基因孕育的时代产物，在年代和辈分上自然拥有基因发生的优先性。排在孙辈的玉礼器圭和璋，虽然岁数要比甲骨文大上一千多岁，但仍属于下五千年新发明的器物，且较为明确的线索就指向其先祖——玉斧钺。借用生物学的术语，可将玉圭玉璋理解为祖辈文化基因变异的产物，这样更能昭示本书倡导的核心要旨——如何深度认知和呈现中国文化，将一万年的文化传承理解为一个没有中断并不断经历神话再编码的有机整体。

　　当然，这里所说的万年没有中断，是就玉文化总体而言，具体到史前期的地方性玉礼器，有相当一部分器类并未被传承到后世的夏商周三朝，早在史前期其传承已经中断，永远被封存于地下。如九千多岁的北方玉器——玉匕形器（图7.5），五千岁的南方玉器——玉冠形器（三尖冠）和玉锥形器（图7.6），等等。

　　若不是20世纪80年代良渚遗址王陵大墓的系列发现（图7.6），此类父辈级的资深玉礼器，仍不会为今人所知晓。

　　新六器谱可以细化如下：

　　新六器谱之祖辈：璧—环、斧钺、玦

　　第一类：龙璧（环）一体

图 7.6　失传于后世的父辈玉礼器：良渚文化浙江余杭瑶山 M10 出土的玉三叉形冠饰及成组玉锥形器实况。浙江省文物考古研究所摄。

第二类：龙钺一体

第三类：龙玦一体

新六器谱之父辈：璜、镯—琮

第四类：龙璜一体

第五类：龙镯—琮一体与凤琮一体

新六器谱之孙辈：圭璋、戈

第六类：龙璋一体与鸟圭一体

第一类：龙璧（环）一体

在重新构建的六器谱中，居于首位的是璧—环类圆形玉礼

7.7

图 7.7　良渚文化余杭瑶山 M11：59 龙首纹圆牌

图 7.8　良渚文化余杭瑶山 M11：59 圆牌侧面图。这类扁圆体形的玉器，虽然在考古报告中被称为"圆牌"，但其实就是后世龙形出廓璧的史前祖型。

7.8

097

7.9

图 7.9　安阳殷墟妇好墓出土的白玉雕卷龙纹圆形玉器。作者摄于广东省博物馆。既像龙纹玉璧，又像半成品的玉龙。

图 7.10　安阳殷墟妇好墓出土的三件玉龙标本。作者摄于广东省博物馆。体现了商代玉卷龙的造型的进化。

7.10

器。目前已知至少在距今约五千年的良渚文化墓葬中，龙的形象已经附着于璧—环类圆形玉器外缘部分（图 7.7，图 7.8）。

妇好墓的珍贵文物，自 1976 年面世以来，整整四十年都被深锁在文物库房里，只是偶尔有零星物品在展览中亮相而已（图 7.9，图 7.10）。2017 年元旦前夕，广东省博物馆举办了一次规模空前的玉器特展，将妇好墓出土的七百五十五件玉器呈现给全球的观众。同时推出大型图册《妇好墓玉器》，其编者在第 331 页对此器的标注为"玦形龙"（半成品）。

在圆形玉璧上雕饰龙形或龙纹（图 7.11，图 7.12），是从

图 7.11 西汉早期碧玉龙纹谷纹大璧。徐州狮子山楚王墓出土。此璧直径达 22.5 厘米。引自徐州博物馆等著《龙飞凤舞：徐州汉代楚王墓出土玉器》，第 42 页。

7.11

7.12

图 7.12 清乾隆长宜子孙双龙出廓大玉璧。作者摄于北京故宫珍宝馆。

先秦延续到清代的模式化雕刻传统。龙不仅在玉器上出现,还以文化再编码的形式,波及由玉文化催生出的冶金文化。如图7.13 这件流散海外的汉代大青铜环,其上就饰有灵动飞扬的两条对称盘龙。

玉璧或玉环,是迄今所知中国最古老的玉器种类。在其一万年不曾中断的历史传承过程中,代表天界或天庭之门的玉璧,到了下五千年的文明国家时期,一而再,再而三地被代表升天动力要素的神龙形象加持。其中最有想象力的作品,当数江苏盱眙西汉江都王墓出土的编钟和编磬架子的造型(图7.14)。

面对这件双龙三璧的组合文物,我们或许能体会到龙的元

图 7.13 汉代大青铜环。方大维藏品。照片引自喜龙仁著,陆香等译《中国早期艺术史》,《西洋镜》第十七辑,广东人民出版社 2019年,第 205 页。

7.14

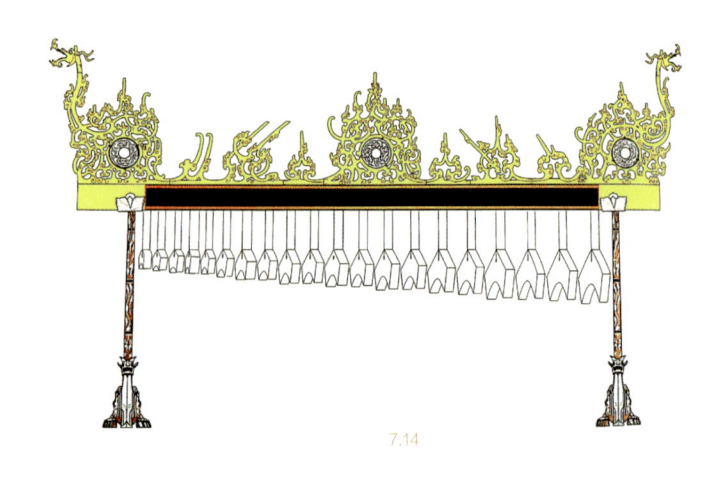

7.15

图 7.14 江苏盱眙大云山汉墓出土的镶嵌三面银璧的编磬组架,距今约两千年。编磬架横梁上方,中间一面银璧镶嵌在一个向上燃烧的火团形造型中,两端的两面银璧,则镶嵌在翘首腾飞的龙身中。火与龙,均代表向上飞升的动力,玉璧的金属升级版银璧,则意寓着升天的目标——诸神祖灵聚会的天国。复原图引自南京博物院编《长毋相忘——读大云山江都王陵》,译林出版社 2013 年,第 158 页。

图 7.15 陕西咸阳秦宫殿遗址出土空心砖图案:二龙盘绕三璧。作者摄于陕西历史博物馆。这是龙璧组合的美术模式的秦代标本。

宇宙幻想和玉的元宇宙幻想是如何交织为一体，你中有我、我中有你的。

西汉王室墓葬艺术中二龙三璧的组合图像，并非汉代人的发明。只要看看陕西咸阳秦宫殿遗址出土的建筑材料空心砖上二龙盘绕三璧的瑰丽表现（图7.15），就能体会到秦汉文化的紧密关联。在两汉时代的画像石墓和壁画墓中，各种各样的龙璧组合造型五花八门，异彩纷呈。当时的艺术家和工匠们一定都非常熟悉此类象征图像表达的信仰内涵。下面再看看著名的马王堆汉墓漆棺彩绘图像（图7.16）：二龙共同穿越一璧，展

7.16　　　　　　　　　　　　　　　　　　　7.17

图7.16　湖南长沙马王堆1号汉墓出土的漆棺上的二龙穿璧组绶升天图。作者摄于湖南省博物馆。

图7.17　洛阳金谷园新莽壁画墓二龙穿三璧张口对咬一璧彩绘图。引自洛阳市文管局等《洛阳古代墓葬壁画》上卷，第155页。这样的龙璧组合对虚拟意境的营造达到出神入化的地步，是今人学习和体会玉龙一体文化表达传统的绚丽标本。

103

现出向上升腾的力量。二龙四周云气缭绕，代表天界的神仙气象。二玉璧上下端均有丝绸制成的绶带，体现玉帛二精在组合状态下的超自然正能量。

洛阳金谷园发掘的新莽时期墓葬壁画所展现的彩绘图像（图7.17）：二龙穿越三玉璧，张大口对咬一玉璧，这神奇的幻想景观逼真再现了两千年前中国古人的元宇宙之玄幻版模型，能给当代人带来极为丰富而生动的思想启迪。

图7.9至图7.17九幅图像说明祖辈玉礼器的第一类——万年玉璧大传统在进入下五千年后，是如何在文明国家时期衍生出龙璧一体的格局，并形成数千年延续至今的造型艺术范式的。

下面再以三幅线描图（图7.18，图7.19，图7.20）说明在古人用于装饰的玉组佩的具体使用语境中，玉环、玉璧和玉龙的常见组合模式，让读者学会从装饰物中解读神话宇宙观的诀窍。圆形玉璧或环形玉环在组佩上方，隐喻升天的目标——天门，丝帛制成的组绶（二字皆从丝，提示着蚕丝文化这一解码方向）将多件玉器串联为一体，下方玉雕神龙形象提供升天的永恒动力。这就是读懂周代以来玉组佩文化底蕴的小窍门。

无数没有留下姓名的古代艺术家和工匠们，塑造出如此绚烂多彩的神龙穿越宇宙的作品，留下流传自远古的龙文化的线索。在西学东渐后，龙的元宇宙所依托的神话信仰体系走向全面衰落，今人在文化断裂后形成的废墟上，面对古代遗留的大

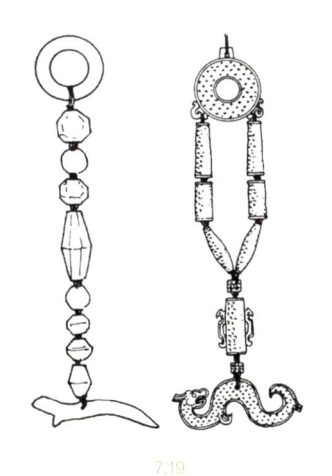

图 7.18 东周时期的玉组佩示意图

图 7.19 玉组佩充分体现了古人对"精"物的崇拜和信仰

图 7.20 神玉组佩加持之人（左1至左3）与神龙加持之人（右1）对比图。生而为人，不过匆匆数十年。如何能穿越时空的限制，在无尽的生死轮回中永久逍遥，飞升前行？

105

图 7.21 西汉二龙拱璧加灵芝草空心砖。作者摄于陕西历史博物馆。

量艺术品,应尝试激活自己的幻想之心,再设法激活古人的虚拟现实语境。那么,图 7.21 中,二龙代表什么?二龙加持的圆形玉璧代表什么?玉璧下方的灵芝草又代表什么?这算是一个小小的过关测验吧。

8

玉生龙(二)
——新六器谱祖辈：斧钺、玦

第二类：龙钺一体

龙钺组合的玉礼器的第一例，是流失海外的一件汉代黄玉斧。它在西方研究中国艺术史的发轫之作中，和另外三件战国或汉代的玉龙一起出现。瑞典汉学家喜龙仁作为古代中国文物在万里之外的北欧遇到的知音，对它的评价甚高。

与本书开篇的"府上有龙"一章那几件清代玉佩标本相比，这件流散到海外收藏家手中的汉代黄玉斧，显然具有"斧上有龙"模型之祖辈的意义。不过，汉代距今不过两千多年。我们在比其早一千年的殷商时期的文物中，都可看到更有鼻祖意义的斧上雕龙类玉器作品。

《中国出土玉器全集》为这件汉代玉器写的解说词为：斧

图 8.1 四件早年流散到欧洲的玉龙的图片。引自瑞典汉学家喜龙仁 1929 年所著《中国早期艺术史》。左上方一件,是有龙形斧柄的黄玉斧。海外专家或无法从中国文化的"内语"方面洞悉"斧上有龙"的吉祥寓意,却对此件汉代玉器给出极高的审美判断:"尤摩弗帕勒斯收藏的这件黄色玉斧,斧柄弯曲,形如一条拱起背部的长龙,传神的线条使它成为一件杰出的艺术品。我们不再关注它的象征意义,也不关心它可能用在何种仪式上,而是沉醉于它充沛的能量、瑰丽的风格、稳健的雕刻技法。这才是我们欣赏汉朝玉器佳作应取的角度。"(喜龙仁著,陆香等译《中国早期艺术史》,《西洋镜》第十七辑,第 164 页。)

8.1

108

图 8-2　山东滕州前掌大 120 号商代墓出土带柄玉钺。引自古方主编《中国出土玉器全集》第 4 卷，第 105 页。

8.3

图 8.3 安阳殷墟妇好墓出土的玉龙,有蘑菇状的角,可对照前张图片中的"斧上有龙",该龙头顶也有蘑菇状角。此类蘑菇状角是模仿新生出的鹿角雕刻的。作者摄于广东省博物馆妇好墓玉器特展。

柄前端上部是一只老虎。根据兽头上伸出的蘑菇状龙角,可以改判为龙。作为佐证,可以对照商代妇好墓出土玉龙头上的蘑菇状角造型(图8.3)。商代的龙造型,已在塑造龙角方面体现出模式化倾向。而虎作为现实生物,其头上无角。

用神龙形象装饰各种仪仗性的兵器(图8.2),也成为商周两代的模式化遗产,龙不仅见于玉质兵器,而且大量出现在青铜兵器上。以下两图(图8.4,图8.5),便是周王朝侯王级墓葬出土的高等级龙形铜钺。

图 8.4　西周龙首铜钺。作者摄于上海博物馆。

图 8.5　陕西韩城梁带村芮国墓 M27 出土的东周龙形大铜钺。引自蔡庆良《芮国金玉选粹》，三秦出版社 2007 年，第 289 页。

上面三件威严之钺，一玉钺，二铜钺，分别出自商代、西周和东周的高等级墓葬。从三者的外观不难看出，龙钺一体的表现模型已经形成，与龙璧一体现象出现的年代大致相当。

下面再看祖辈玉礼器的玉玦类，看一看龙玦一体的情况。

第三类：龙玦一体

玦和斧钺一样，属于九千多年前就在我国东北地区出现的早期玉礼器形式。龙玦一体这一形式的玦，在六千年前的红山文化时期就已出现了。

河北围场县出土的这件红山文化时期的玉龙（图8.6），基本呈现为环状玦形，只是缺口并没有打通，所以只能叫"卷龙"或"咬尾龙"，而不叫玦。其具体的动物原型是什么，目前有持猪龙说和熊龙说者，双方各执一词，相持不下。

图8.7这件玉龙虽出土于清代墓葬，但其形制特征还是指向红山文化时期的玉器。和上一件的区别在于环状龙体有开口。到了后代，玦的开口代表断绝之义。送人以玦，意味着绝交或开战。

8.6　　　　　　　　　　　　　　　　8.7

图8.6　河北围场县下伙房村出土的红山文化时期的玉龙。现存于河北省博物馆。引自古方主编《中国出土玉器全集》第1卷，第121页。

图8.7　红山文化时期龙形玉玦。出土于天津市的清代墓葬，可见史前玉器形制在民间是代代传承的。引自古方主编《中国出土玉器全集》第1卷，第103页。

图 8.8 这件玉龙玦,是距今四千多年的江汉平原之石家河文化的产物。该文化比红山文化约晚一千年,其玉龙的造型特征反而更加简化了。到了距今三千多年的殷商时期,玉龙玦的刻画走向纹饰化的方向(图 8.10,图 8.12)。

从外形上判断,卷体玉龙和龙形玉玦的区别仅仅在毫厘之间——只看是否有开口(缺口),像图 8.11 这件商代玉龙,只差一个小小切口就可变成标准的玉玦了。而图 8.9 这件,其实是玉龙,就因为有开口,就属于标准的玉玦了(图 8.13,图 8.14)。玉玦这样的器物,在鸿门宴上发挥过提醒物的重要作用,在秦

图 8.8 天门市肖家屋脊出土的石家河文化龙形玉玦。引自古方主编《中国出土玉器全集》第 6 卷,第 13 页。

113

8.9

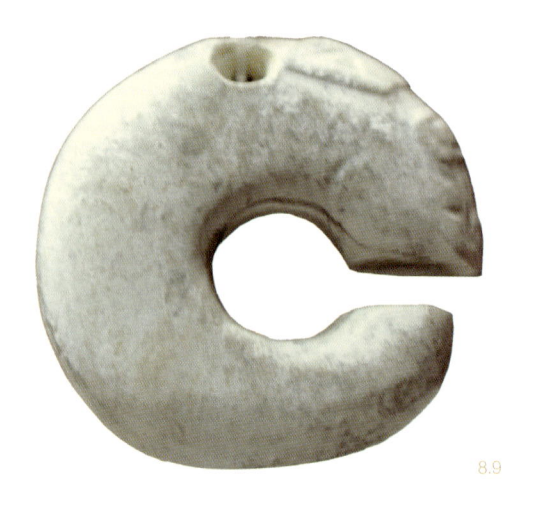

8.10

图 8.9 《山海经》珥蛇（龙）神话的实物见证。商代玉龙玦。作者摄于安阳殷墟博物馆。

图 8.10 河南安阳小屯村北出土的商代龙形玉玦。作者摄于苏州博物馆。

图 8.11 殷墟出土的商代玉卷龙。作者摄于安阳殷墟博物馆。

图 8.12 商代玉龙玦。和田玉质的玉器经过佩戴之后,表面包浆厚重,散发出的那一种温润之感,清晰可观。

汉时代为大家所熟知。但魏晋以后,华夏王朝礼教传统断裂,因为不再由官方组织生产的缘故,玉玦终于在流传了六七千年以后被后人遗忘,尤其是被当代社会彻底遗忘。希望借助于对龙的元宇宙主题的再展现,恢复国人对这种华夏文明独有的重要礼器的文化记忆。

图 8.13 湖北枣阳曾国墓地出土的东周龙纹玉玦。引自长江文明馆、湖北省博物馆等编《穆穆曾侯》,第 111 页。

8.14

图 8.14 河南新野城关春秋墓出土的玉玦，双龙口张开，朝向玦口。作者摄于河南博物院。

图 8.15　辽宁凌源市田家沟红山文化墓地第四地点出土的蛇形玉耳坠。新华社记者潘昱龙摄。

《山海经》珥蛇之谜的当代解码

2012 年红山文化时期的腹地辽宁凌源出土了一件稀世文物：五千年前的玉质蛇形耳坠（图 8.15）。它在地下沉睡五十多个世纪后重见天日，让今人明白，古人用龙蛇形象来装饰自己的耳部，不是为了追求美观，而是以龙蛇为神秘交通之媒介，用以标记社会成员中的少数通神者，即拥有特殊能力的巫觋或萨满。《山海经》中共有七处讲到神祇或超人（如夸父），都是以珥蛇为其外在特征的。

以新发现的红山文化时期的玉蛇耳坠为参照，20 世纪发掘出土的凌源祭坛遗址之双龙首玉璜，商周以后的双龙首或双蛇首玉玦，都可按同样的神话学原理去做统一的解释：其符号意义均指向虚拟的超自然交通能量。

9 玉生龙（三）
——新六器谱父摩：
璜、镯—琮

探究龙的元宇宙真相，主要基于万年玉文化在上五千年中的辉煌历史。前两章，因为出土文物已经给出和以往认知完全不同的客观物证的提示，笔者不再盲从古代礼书经典《周礼》六器之规定内容，而是依据百年中国史前考古新材料，重新构建了新六器谱。新六器谱中有三类玉器——璧—环、斧—钺、玦，均

图 9.1 神龙何为？什么人能骑龙驾龙？中国古人为何如此喜欢这种虚拟生物？魏晋墓葬的彩陶外饰。现存于美国芝加哥艺术馆。引自喜龙仁著，陆香等译《中国早期艺术史》，第 248 页。

出现在距今一万年至九千年间，是玉礼器的祖辈。三者如何伴随龙形象的孕育和诞生而发展，已在前文加以呈现。

本章概览距今八千年至五千年间出现的两种玉礼器，即被列为父辈的璜和琮，说明二者在催生龙—凤文化方面的重要贡献。从2021年笔者在《中华读书报》发表《龙—虹—璜》一文以来，有关玉龙一体和玉璜催生神龙的观点就已公开传播，如今要从元宇宙的虚拟视角做更通俗易懂的阐发，要在本土传统中找出体现在玉文化中的多种幻想和幻象。

在当今学界对玉琮起源的研究中，一种有代表性的观点认为玉琮的前身是玉镯。戴玉镯，至今仍是流行的风俗，所以一般不会认为玉镯是祭拜天地鬼神的礼器，旧的六器谱便将玉镯排斥在外，情有可原。考虑到其古老程度仅次于祖辈的璧—环、斧—钺、玦，以及后来的普及流行程度与持续至今的超长寿命，本书把镯作为琮的前身，将二者归为一类，一并加以叙述。而把新六器谱中晚出的三种，即在下五千年早段出现的圭、璋、戈，合并为一类，在下章呈现。

第四类：龙璜一体

玉璜的起源时期，一般认为是在距今六千年至五千年的红山文化时代前。本书将兴隆洼文化玉器中的玉弯条形器视为璜的雏形，将璜出现的时间推到更早的八千年前。日后如有新材料出土，这个时间点或许还要提前。先民塑造的龙蛇之形状，常见有卷体的蟠龙、盘龙、咬尾龙和直体的兀龙。即便是直体的龙蛇，也多少会有些弯曲。所以兴隆洼文化玉器中的玉弯条形器（图9.2）及其变体玉钩形坠，也有学者认为是龙蛇的几何化变身。

由于形状的相似度很高，玉弯条形器作为玉璜之祖，二者的区别仅在于一头钻孔还是两头钻孔。钻孔方式不同，其穿绳系挂的方式就不同。只钻一孔的玉弯条形器的系挂方式为竖向

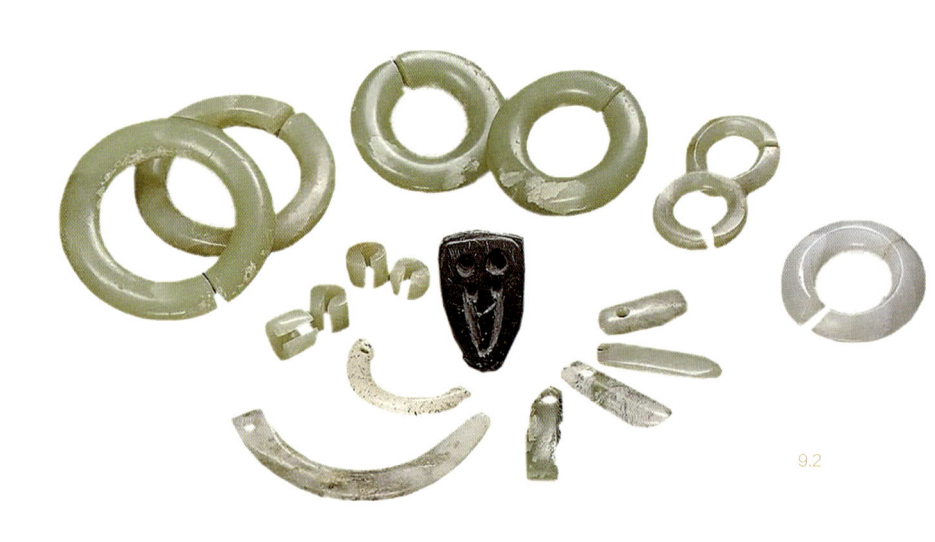

9.2

图9.2 图下方左侧两件为兴隆洼文化的玉弯条形器。它们是几何形的龙吗？引自中国社会科学院考古研究所等编《玉器起源探索》，第45页。

图 9.3 兴隆洼文化的玉弯条形器，两个弯条形玉合起来，就像一个圆形玉璧，与古人"半璧为璜"的观点吻合。它们也是几何形状的龙吗？引自中国社会科学院考古研究所等编《玉器起源探索》，第 145 页。

系挂，如同挂玉坠。钻有两孔的玉璜的系挂方式为横向，其更像一座拱桥形，这便是人工模拟的彩虹桥。不过这种区别不是绝对的，后世的玉璜也有少数是一头钻孔的（图 9.3）。在红山文化玉器中，虹桥形玉璜的两头，有的已被雕琢为龙首的造型模式（图 9.4），这种模式在后世的玉璜发展史中有愈演愈烈的趋势。玉璜即龙这一视觉印象和相关信念，可谓是源远流长，牢不可破。

123

图 9.4 安徽凌家滩遗址出土的玉璜具有多种形态。上排左侧和中央两件分别为虎首璜和双虎首璜；上排右侧一件可视为龙首璜。下排右侧一件为带齿璜。引自翟杨《凌家滩墓地玉璜的形态与功能》，杨晶、蒋卫东主编《玉魂国魄》（五），浙江古籍出版社 2012 年，第 104 页。

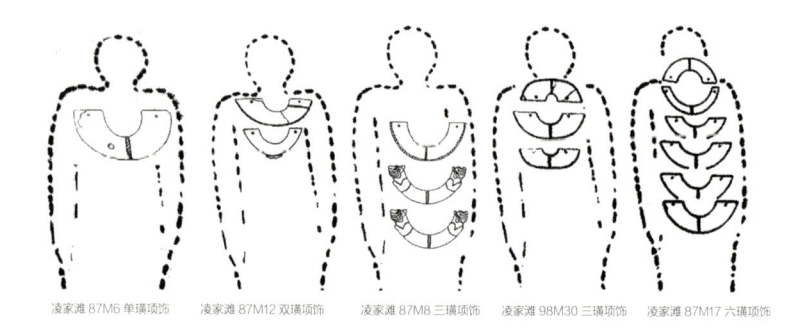

凌家滩 87M6 单璜项饰　凌家滩 87M12 双璜项饰　凌家滩 87M8 三璜项饰　凌家滩 98M30 三璜项饰　凌家滩 87M17 六璜项饰

9.5

9.6

9.7

图 9.5 安徽凌家滩遗址出土的玉璜的多种佩戴方式复原图。从一璜到三璜和六璜。据杨晶《凌家滩墓地玉璜综述》的五图整合而成。杨晶、蒋卫东主编《玉魂国魄》（五），第 74—75 页。

图 9.6 外缘饰以系列龙首的良渚文化玉璜，瑶山出土 M11：94。引自浙江省文物考古研究所编《瑶山》。

图 9.7 外缘饰以系列龙首的良渚文化玉璜线描图。引自浙江省文物考古研究所编《瑶山》。

  玉璜数量的第一次大爆发，发生在距今五千三百年的安徽凌家滩文化时期。

  凌家滩文化遗址位于长江以北二十公里处。该遗址出土的玉璜多数是素器，只有个别呈龙首形和虎首形。与北方红山文化玉璜的双龙首造型相对应，南方良渚文化玉璜，或像其传统玉镯造型那样，被装饰为多龙头或龙眼的模式（图 9.6，图 9.7），

125

或正面有用阴线精雕细刻出的良渚人的统一信仰对象——羽冠神徽（图9.8）。

良渚文化在四千三百年前消亡之后，继承玉璜生产传统并发扬光大的，是中原地区的陶寺文化、石峁文化和西北地区的齐家文化。图9.9和图9.10分别为其出土玉器代表。此时甲骨文还未出现，这些距今四千年左右的器物充当了将上五千年文化与下五千年的夏商周王朝串联起来的中介。史前未曾间断的玉璜礼制，体现了比汉字和文献记载更早的文化大传统。

9.8

图9.8 良渚文化半圆形玉璜上的羽冠神人像。作者摄于首都博物馆。

图 9.9 山西襄汾陶寺遗址出土的简单刻画龙脊和龙口的变体玉璜,距今约四千年。作者摄于山西省博物馆。

图 9.10 征集于甘肃通渭县的齐家文化玉璜,墨玉质,距今约四千年。对应古代礼书经典所记"以玄璜礼北方"的制度。

9.11

9.12

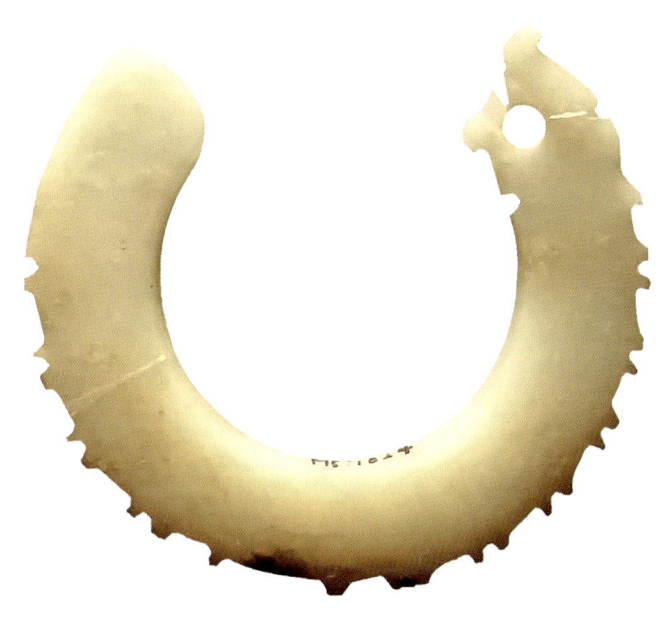

9.13

图 9.11 东周龙纹玉璜。引自哈佛大学艺术系教授罗越（Max Loehr，1903—1988）编《中国古玉》，哈佛大学弗格美术馆 1975 年，第 433 页。

图 9.12 安阳殷墟妇好墓出土的龙形双璜连璧（环）。作者摄于广东省博物馆。

图 9.13 安阳殷墟妇好墓出土的璜形白玉龙。作者摄于广东省博物馆。

9.14

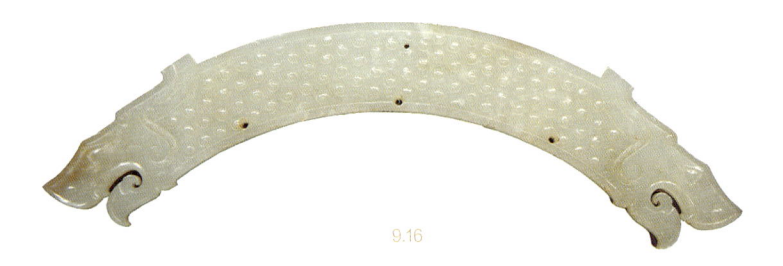

9.15

9.16

130

9.17

9.18

图 9.14 玉璜出土史上的第二高峰,见于商代晚期的妇好墓。仅一次的展牌上就有 53 件,妇好应是当时世界上拥有玉璜数量最多的女性。如果每件玉璜代表一条神龙,那么妇好应该比"叶公"更好龙吧?作者摄于广东省博物馆。

图 9.15 山西洪洞县永凝堡西周墓地 5 号墓出土的龙纹玉璜。引自古方主编《中国出土玉器全集》第 14 卷,第 81 页。

图 9.16 战国谷纹双龙首白玉璜。作者摄于上海博物馆。

图 9.17 湖北枣阳九连墩 1 号楚墓出土的两件一对双龙首玉璜。引自中华玉文化中心等编《玉魂国魄:湖北枣阳九连墩楚墓玉器特展》,浙江摄影出版社 2015 年,第 83 页。

图 9.18 安徽巢湖北山头 1 号西汉墓出土的西汉双龙首虹桥形白玉璜。作者摄于北京艺术博物馆汉代玉器展。

131

9.19

图 9.19 徐州汉画像石中的西王母坐骑。双龙形座隐喻龙车—龙舟类的神秘交通工具，对应玉璜为龙桥的神幻想象。只需将图中的双龙座翻转过来，就呈现为双龙首玉璜的造型。作者摄于徐州汉画像石艺术博物馆。

图 9.20 清代二龙戏珠白玉镯。私人藏品。

9.20

图 9.21 二龙戏珠玉镯的影响极广。这块二龙戏珠象牙雕牌,是明代宫廷锦衣卫出入禁区的通行证。作者摄于首都博物馆。

中国社会科学院考古研究所与广东省博物馆合编的《妇好墓玉器》一书中,仅璜形玉龙一项就收录了九件,而且没有一件是重样的。可知璜这种形制的玉器所承载的龙文化记忆是极其深远且十分鲜明的。

第五类:龙镯—琮一体与凤琮一体

佩饰性的玉镯,逐渐在史前的长三角地区演化为玉琮的故事,一定是非常有深意的。目前所知的材料,仅可用以确认早期玉镯形制的两可性：有圆环形的，也有近方环形的。后者很容易让人联想到以外方内圆几何特征而闻名的琮。本书开篇展示的第一件文物，就是清宫里皇帝喜爱并长期把玩的一件良渚文化龙首纹玉镯（图 0.1）。结合这里展示的考古发掘的良渚文化玉镯（图 9.22），再参照台北故宫博物院所藏清宫里的传世良渚玉镯（图 9.23），读者可以思考一下连专家也未解决的难题：镯子会不会是玉琮的祖源？

从玉镯到玉琮的过渡形态，应该以方形玉镯和圆形玉琮为主要形式。图 9.22 这件良渚文化玉镯（瑶山 M1∶30）足以体现这一过渡形态。从另一个角度拍摄的图（图 9.24）可能看得

图 9.22　1987 年出土的良渚文化瑶山 M1 龙首纹玉镯。良渚遗址管委会供图。

图 9.23 清宫旧藏良渚文化时期的龙首纹玉镯。引自邓淑萍主编《故宫玉器精选全集》第一卷,第 384 页。

图 9.24 瑶山 M1：30 龙首纹玉镯侧视图。四个龙首之间的平面，恰好呈现从圆环到方环状的过渡。良渚遗址管委会供图。

图 9.25 瑶山 M9:4 兽面纹镯式琮，又可以称为"圆琮"。此类圆琮在瑶山 M10:15 也有发现，其渊源甚至可以上溯到红山文化的玉器。引自浙江省文物考古研究所编《瑶山》，第 271 页。

更为清楚。图 9.25 是瑶山 M9:4 兽面纹镯式琮，这个兼含镯与琮两种名称的命名，透露出这两种玉器间的界限，实际上已经被良渚工匠创作的实物所打破。

如今学界公认，玉琮这种礼器是长三角地区史前的文化创

图 9.26 喜龙仁《中国早期艺术史》第 95 页展现的欧洲古董商收藏的龙纹或卷云纹大玉琮的黑白照片。

9.26

造，良渚文化时期的玉琮为这种文化创造的代表。良渚文化在约四千三百年前消亡后，玉琮在本地区没有得到传承，但是却被远远地传播到北方、南方和中原地区，成为龙山文化、齐家文化和商周时代玉琮的主要源头。商周时期的玉琮数量不多，也罕见施以龙纹装饰。下面这件是个例外：

图 9.27 玉琮上雕饰鸟纹即凤纹的传统，或始于齐家文化时期。这是张家坡西周贵族墓 M170 出土的一件标本。引自中国社会科学院考古研究所编《张家坡西周玉器》，文物出版社 2007 年，彩版 45。

图 9.28　1986 年宝鸡市凤翔区南指挥村秦公一号大墓出土的龙纹玉琮残件。引自刘云辉主编《陕西出土东周玉器》，文物出版社等 2006 年，第 79 页。

西周的玉琮多为素面，大约直接来自西北的齐家文化。将龙纹玉镯变成凤纹玉琮，是西周人与时俱进的政治发明。被周人崇奉的百鸟之王凤凰，终于彻底取代殷商的玄鸟——鸱鸮，成为后世最流行的神鸟图腾。

东周时期礼崩乐坏，玉琮生产已处于停滞状态。在玉琮上精雕细刻出龙纹的现象,更是凤毛麟角。上图(图9.28)这件秦国工匠特制的玉琮,出于帝王级的墓葬——秦景公墓,所以其细腻入微的阴刻线龙纹造型,体现的是秦国玉器的独家风格。顺便要提示一下,秦公一号大墓的发掘实况震惊寰宇:居然一次用一百八十八个活人殉葬,其惨烈程度令人发指。在统治阶层鼓吹的龙凤之美妙神话大繁荣的背后,是无数被压迫者含冤而亡的白骨。

10

玉生龙（四）
——新六器谱孙辈：圭璋戈

第六类：龙璋一体与鸟圭一体

本章的主角是圭和璋，及其同期衍生品——玉戈、玉戚等有刃兵器。使用"有刃兵器"这样一个合成词，就是要彰显此类后起玉器类型的共同特征：玉的干戈化——玉从代表神的荣光之圣物变成了杀伐之器的象征物。玉圭、玉璋、玉戈等，分别在距今四千年前后出现，属于标志玉器时代之尾声的新生事物，在文学人类学派的文化论的生成谱系中，当然只能排在孙辈。

以文明探源的长焦距来观察，在圭、璋、戈这样的大件玉礼器登场之前，不仅已有五类前辈玉礼器流行和传播，而且也先后发生了玉龙一体的衍生现象，即玉生龙（凤）现象，由此奠定了史前社会数千年通神通天的媒介模型和权威观念形成的基础。圭、璋、戈类带有攻击性武器特征的大件玉礼器随后出现，其学术意义不在于可以借以对玉礼器系统溯源寻祖，而在于充分印证了玉礼器谱系总体的承上启下作用：从没有形成文明国家政权的部落方国的酋长时代，到出现中原文明国家的帝王时代，新老玉礼器祖孙三代如何形成共振，并导引出青铜礼器的全新权力符号谱系。

中华文明探源研究，需要特别关注下五千年时段的第一个

图 10.1 陶寺遗址出土的玉圭，距今四千二百年。作者摄于首都博物馆。

10.1

图 10.2　二里头出土的大玉璋。现存中国社会科学院考古研究所。作者摄于良渚博物院夏代中国文明展。

图 10.3　陕西神木石峁遗址采集的玉戈，距今四千年。作者摄于良渚博物院夏代中国文明展。

千年，还要明确一个事实：在以圭、璋、戈为代表的大件玉礼器流行以后，才开始有小件青铜礼器出现，以二里头文化三期和四期的铜戈、铜爵、铜鼎为代表。从源流分明的意义看，石器时代和玉器时代，堪称文明起源之祖辈、父辈；青铜时代则为孙辈。这样明确的历史程序已经得到确认，其意义如同失落数千年的展示文明之源的珍贵家谱，如今得以重现，真有一种

图 10.4　为玉斧钺的历史写成完整传记的尝试：《盘古之斧：玉斧钺的故事九千年》，上海人民出版社，2021 年。

图 10.5　三星堆出土的大玉璋。作者摄于四川省博物馆。

图 10.6　三星堆二号祭祀坑出土的青铜璋。作者摄于三星堆博物馆。

10.7

图 10.7 三星堆出土的金箔璋。引自四川省文物考古研究院、四川三星堆博物馆编《三星堆出土文物全记录》陶器·金器卷,天地出版社 2009 年,第 508—509 页。

图 10.8 商代龙形玉刻刀。陕西省西安市客省庄西周遗址出土的商代遗物。玉刻刀的外形如同玉圭的变形。器柄一端加饰龙首形象,表明在青铜时代各种龙纹铜器的流行,是"玉生龙"现象的延续。商代是青铜鼎盛时代,这件玉器体现了文化上的返祖现象。依照新六器谱提供的时间坐标,可将其理解为,这是下五千年文明对上五千年深厚传统的一种传承。

10.8

蓦然回首和柳暗花明的意味。

以铜戈这种金属兵器为例,它出现在三千六百年前的二里头,而其父辈礼器则是距今四千年的陕北石峁古城的龙山文化玉戈。玉戈和圭、璋的前身,都可上溯到新六器谱中排位第二的有刃玉器——玉斧钺。笔者在 2021 年出版的《盘古之斧：玉斧钺的故事九千年》中，已经凭借对系统材料的严格梳理，为这种最古老的玉器之一写出近万年的历史传记。

再看看三星堆博物馆陈列的玉璋（图 10.5）、铜璋（图 10.6）、金箔璋（图 10.7），无须再讲解，细心的读者已经能够按照本书的提示，自行分辨其出现的顺序。

以往在考古现场和博物馆展示的琳琅满目的展品前，观众总会有茫无头绪和望洋兴叹之感。但只要掌握了新六器谱系，就能够纲举目张，学会总体思维。可将单个文物放在由新六器谱所开启的上古文物的总谱系中，给其以清晰的时

图 10.9 三星堆出土的执璋跪坐人铜像。作者摄于三星堆博物馆。

图 10.10 2021 年三星堆七号坑出土的青铜龙顶璋。作者摄于三星堆博物馆。

图 10.11 三星堆出土的玉戈、石戈。作者摄于三星堆博物馆。

空定位，查其源而知其流。

圭、璋和戈三者时常分类不明确。原因在于《说文解字》解说"璋"字时，将圭、璋视为同一物体之分化形态，有所谓"剡上为圭，半圭为璋"的说法。大体上看，此类长方形或有尖或有刃的兵器形玉礼器，皆为更早的祖器——玉斧钺演化变形而来。戚，则是外形加以修饰的璧或钺，修饰的方式为，将璧的一侧边磨为刃状，或在钺的外缘雕出模仿龙脊的齿状。

在 2021 年三星堆七号祭祀坑发掘出一件头顶璋的青铜龙形器（图 10.5）后，关于圭、璋、戈三者区分的争议可暂告平息。因为这件器物突出表现了"玉和龙二位一体"的先民幻象进化升级到了"玉璋、龙和铜三位一体"的奇妙幻象。这是青铜时代的古蜀国人用冶金新材料表现的古老题材：玉龙一体。其艺术虚拟想象的令人惊艳之处，在于让玉璋和龙头达到有机合成和难分难解的效果。

  三星堆遗址的文物距今三千一百年左右,这既是父辈玉器时代走向终结,也是孙辈青铜时代的鼎盛时期。这里出现的同

图 10.12 三星堆出土的璋形戈。成都金沙博物馆馆长王方供图。从"璋形戈"这样的名称,不难看出璋与戈的关联性。

图 10.13 三星堆出土的立鸟玉戈。成都金沙博物馆馆长王方供图。

图 10.14 陕西扶风强家村1号西周墓出土的双凤鸟首顶戈形玉器。引自古方主编《中国出土玉器全集》第14卷,第35页。

一种器物的不同材质之版本，是新老圣物三代同堂的别样景致。特别有趣的是，图10.9所展现的玉璋的使用者，居然是冶金铸造的跪地铜人，如同还原了采用玉璋进行祭祀的礼仪。三星堆文物中的大宗玉璋和玉戈，有时难以分辨（图10.12）。大玉璋和玉圭，在其祖籍山东半岛出现时，常见有阴刻鹰鸮纹的。到了三星堆，出现了鸟顶形的大玉戈（图10.13）。其后的西周人，配合周文王兴起的"凤鸣岐山"的政治神话，推陈出新，造出双凤鸟首顶戈形的玉兵器（图10.14），真是需要什么就有什么。这就是虚拟现实的好处。

　　文明探源让我们探明了上古时期历朝历代政权需要的图腾和圣物，大体摸清了其源流演变的过程。

　　本章的主题是呈现六器中最年轻一辈的玉礼器——圭、璋、戈，如何在距今四千年之际产生，并像其父辈祖辈那样，在发展演化过程中催生出或龙或凤（鸟）的造型。下面这三件西周时期的龙纹或龙形玉器，都是距今三千到两千五百年的作品（图10.15，图10.16，图10.17），也就是说，出现在孔子创立儒家礼制的前夜。

　　金属的铸造技术，毕竟远远超越玉器的切磋琢磨工艺，能够以更大的规模和更大的体量创造虚拟现实的新生器物。图10.18的羊头龙形象，是三星堆先民对中国数千年龙文化创意的一大贡献。毕竟，炎帝姜姓的背后，隐约透露着羊图腾的影子，那当然是西来的牧羊文化带给华夏文明的重要礼物。我们汉字

图 10.15　西安市长安区张家坡 170 号墓出土的西周龙纹玉戈，戈的后端"两面均阴刻出一条龙纹，龙曲体，头上有突出的三角形云纹角"。引自古方主编《中国出土玉器全集》第 14 卷，第 36 页。

图 10.16　陕西扶风黄堆 25 号西周墓出土的龙首形玉匕首，可视为龙首玉圭之变体。引自刘云辉《周原玉器》，第 126 页。

图 10.17 陕西扶风齐家村 M34 出土的西周龙纹玉刀。现存于周原博物馆。

图 10.18 三星堆出土的青铜羊头龙。作者摄于三星堆博物馆。

中的真、善、美三字，居然有两个字从羊。羊大为美的审美意识，也早已深入人心。羊即祥，大吉祥，视觉表现就是大吉羊！

新六器谱小结：玉龙一体

本书以四章的篇幅，以新六器谱系的重建为目标，呈现万年以来共六大类（实际为十一种：璧、环、斧、钺、玦、璜、镯、琮、圭、璋、戈）的祖父孙三辈玉礼器之造型情况，说明每一种玉礼器于何时何地出现，又是在何时、如何生出神龙（凤）的。

新六器谱的问世，是对一百二十年来中国神话学研究格局

图 10.19　陕西陇县边家庄九号秦墓出土的东周龙纹长方形凸齿玉佩。引自刘云辉主编《陕西出土东周玉器》，第 44 页。

的拓展，是全面走向深度认知后的理论创新观点。从三重证据法到四重证据法，再到文化大传统和文化文本论，我们终于初步完成了一个前所未有的宏大认知范型。在这套理论的引导下，可以看清神玉催生神龙的全部过程。

11 玉生凤

"龙生龙,凤生凤",是中国古代百姓常挂在嘴边的俗语,意思是说高贵家族的后代,从基因上看就像是龙胎凤种。龙凤配,则是举国认为的最理想的婚姻。

在甲骨文中凤凰的"凤"字出现一千年前,玉雕的凤鸟实物率先出现在江汉平原地区的石家河文化中。玉凤(图11.2)一登场就令人惊艳,它是采用透雕工艺制成的。玉凤先于文字的凤出现,这就是本章标题"玉生凤"的证明。通过比这更早的线索,还可以找到玉龙生玉凤的实证。那是在上五千年的玉文化史上发生的真实故事。

龙和凤,作为具有国宝性质的两大虚拟生物,从对其史前起源的认知来看,是龙在先而凤在后。更加精确的图像叙事分析表明,很可能是在先的龙,生发出在后的凤。换一个说法,史前先民在刻画表现龙的艺术实践基础上，画蛇添足一般，从龙体中派生出凤鸟形象，就像图 11.1 这件当代工艺品的造型那样，让凤的身体从龙体中自然生长出来。这样具有十足中国味的艺术表现程序，从目前所见的出土文物图像来看，是在上

图 11.1　掐丝珐琅工艺品龙凤呈祥。作者摄于苏州巧生炉博物馆。

图 11.2 湖北天门石家河文化出土的凤形玉环。引自古方主编《中国出土玉器全集》第 10 卷，第 31 页。

五千年就已经开启的。从玉生龙到玉生龙凤，更加完整地体现了中国式虚拟幻象的发生机制。

有三件标志性玉器，表明这种龙凤混合基因生物开始出现：其一是红山文化的鸟首龙形玦（图 11.3），其二是红山文化的龙凤合体玉佩（图 11.4），其三是南方凌家滩文化的龙凤双首玉璜（图 11.6）。

图 11.3 和图 11.4 两件玉器均为上五千年北方红山文化先民

图 11.3 内蒙古巴林右旗那日斯台遗址出土的红山文化鸟首龙形玉玦。作者摄于巴林右旗博物馆。

图 11.4 辽宁牛河梁遗址第二地点一号冢 23 号墓出土的红山文化龙凤合体玉佩。作者摄于北京艺术博物馆。

11.5

图 11.5　湖南澧县孙家岗遗址 14 号墓出土的石家河文化凤形玉佩。引自古方主编《中国出土玉器全集》第 10 卷，第 155 页。

的创造，其造型十分别致：或让鸟喙从卷龙的龙首上伸出，或让凤首紧密连着龙首，构成混合基因生物的合体意象。如此造型传统，在后世的艺术表现中或有所呈现，并且从北方传播到

11.6

11.7

图 11.6 凌家滩 9 号墓出土的龙凤双首玉璜。杨骊摄于南京博物院玉润中华展。

图 11.7 良渚文化玉器镂空雕之幻象：神人展开双臂，两手紧握两只鸟首龙的颈部。反山 M15 出土的玉冠形器线描图。引自浙江省文物考古研究所《反山》，文物出版社 2005 年，第 143 页。

南方。图 11.5，便是在湖南出土的距今约四千年的石家河文化透雕凤形玉佩，让凤的身体呈现龙脊一般的外缘。而安徽凌家滩遗址，则出土了兼有龙凤之首的玉璜（图 11.6），其年代距今五千三百年。在距今五千年的良渚文化玉冠饰上，有用透雕技法刻画出的神人双手握鸟首龙颈部的图像（图 11.7）。

商周秦汉以后的玉龙造型，把龙生凤或龙凤相互缠绕相互

11.8

图 11.8　湖北枣阳九连墩战国楚墓出土的白玉雕分身龙加对凤玉佩。引自中华玉文化中心等编《玉魂国魄：湖北枣阳九连墩楚墓玉器特展》，第 105 页。

图 11.9　湖南长沙象鼻嘴 1 号墓出土的西汉龙凤熊玉嵌饰。引自古方主编《中国出土玉器全集》第 10 卷，第 199 页。

11.9

对应的图像模式发扬光大，并演绎出丰富多彩的变体形式（图11.8，图11.9）。下面就是几个图像案例。

咸阳是秦国首都，1974年出土的这件玉佩（图11.10，图11.11），其发掘地点就在秦都咸阳城遗址。S形的玉器整体，一端为龙首，一端为凤首，二者合体的形象被刻画得自然流畅，如行云流水，根本看不出人为拼接的痕迹，好像大自然中本来就存在这样奇妙的生物。如果对"虚拟现实是什么"的问题感到困惑，就仔细品味这件玉器照片或其线描图吧。

以现实中的物种为原型，加工虚构出现实中不存在的生物，这当然属于"虚拟现实"的生动案例。蛇是现实存在的，龙是

11.10

图 11.10 陕西咸阳出土的战国龙凤纹合体玉佩。引自刘云辉主编《陕西出土东周玉器》，第 192 页。

11.11

图 11.11 陕西咸阳出土的战国龙凤纹合体玉佩线描图。引自刘云辉主编《陕西出土东周玉器》，第 193 页。

以蛇为原型虚构的。《周易》的"龙血"、《亚鲁王》之法宝"龙心"，当然是基于虚构的虚构。有关"龙血玄黄"的神话解码，笔者已经写成《玄玉时代——五千年中国的新求证》一书。如何体会"龙心"神话？古代朝鲜半岛流行"鸡龙"信仰；我国汉代流行一种造型奇妙的玉器，美其名曰"鸡心佩"；2015 年南昌发掘出汉废帝刘贺之墓，其中有一件精美绝伦的玉雕作品

11.12

图 11.12　2015 年南昌海昏侯墓出土的龙凤鸡心佩。作者摄于南京博物院玉润中华展。

"龙凤鸡心佩"（图 11.12），可作为大家解码"龙心"的某种参照物。

三千多年前，西周人推翻殷商政权并取而代之的过程，伴随着神鸟图腾的革故鼎新：让标志周文王势力崛起的凤凰，取代殷商的玄鸟——神鸦，大量独立呈现的凤鸟形象或人龙凤三合一形象相继出现，由此奠定凤在后代国人心目中百鸟之王的至尊地位（图 11.13，图 11.14）。

具有故事性的虚拟龙凤交通模式之图像标本，首推 1996 年安徽巢湖放王岗一号墓出土的西汉铅当卢图像："熊形天帝使四鸟乘二龙图"（图 11.16）。这是笔者根据图像内容而拟定的标题。四凤鸟形象被刻画在器体外缘，呈现为上下两组对称的格局，当卢内主图像为二龙驾云升天。在二龙首上方，由上部的双凤鸟所加持的至尊至上位置，绘出一舞蹈状的两足动物——

图 11.13　南昌海昏侯墓出土的凤鸟纹青铜当卢。作者摄于南京博物院玉润中华展。

11.14

11.15

图 11.14 湖北枣阳郭家庙曾国墓出土的龙凤人合体玉饰。引自长江文明馆、湖北省博物馆等编《穆穆曾侯》，第 117 页。

图 11.15 芮国神人龙凤纹玉柄形器。引自蔡庆良《芮国金玉选粹》。

图 11.16 安徽巢湖放王岗一号墓出土的西汉铅当卢图像——"熊形天帝使四鸟乘二龙图"。引自安徽省文物考古研究所《巢湖汉墓》，文物出版社 2007 年。

11.16

天熊或天帝。如果参照本书各章偶尔展示的类似神熊的形象，则可以大体总结出"龙凤打工，为天熊服务"的共同主题，回应前文中提示的疑难问题：龙重要，还是熊重要？

这个看似匪夷所思的问题，从龙的元宇宙课题，引出了熊的元宇宙问题。这也是伏羲为何叫"天熊"，黄帝为何称"有熊"这一千古谜题的谜底。

图11.17 非遗作品云南甲马《天地》。龙车加凤车的虚拟交通模式，完成连接天地两界的神圣任务。引自冯骥才主编《中国木版年画集成·云南甲马卷》，中华书局2009年。

本章结尾,用国家级非遗作品,展现依然活在当今民间的龙车加凤车的虚拟幻象(图11.17),以之见证"神话中国"的认知原理。

12 龙马奔腾

现实世界有马而无龙，中国文化先有龙后有马：虚的在前，实的迟到。于是虚的支配实的，马就成为龙的变种，如《西游记》中的白龙马，又如天水市伏羲庙中至今仍向所有游人致意的龙马（图12.1）。

全世界的家马，都源于欧亚大陆中部的草原地带。马来到中原的时间较晚，在距今三千多年的商代。当马匹大批进入中国时，先民崇拜龙的历史已经有三千多年了。于是，在虚拟的"神话中国"的力量加持下，现实的马就在文化文本再编码中被虚化为龙，或龙马。原来由纯粹虚构的生物龙凤所承担的玄幻交通职能，到了商代和商周之后，便部分地转移给家马。

龙是中国文化中的虚拟法宝，凡需要营造某种虚拟现实的氛围时，便要请神龙出场，如同以一项化实为虚的专利技术激

12.1

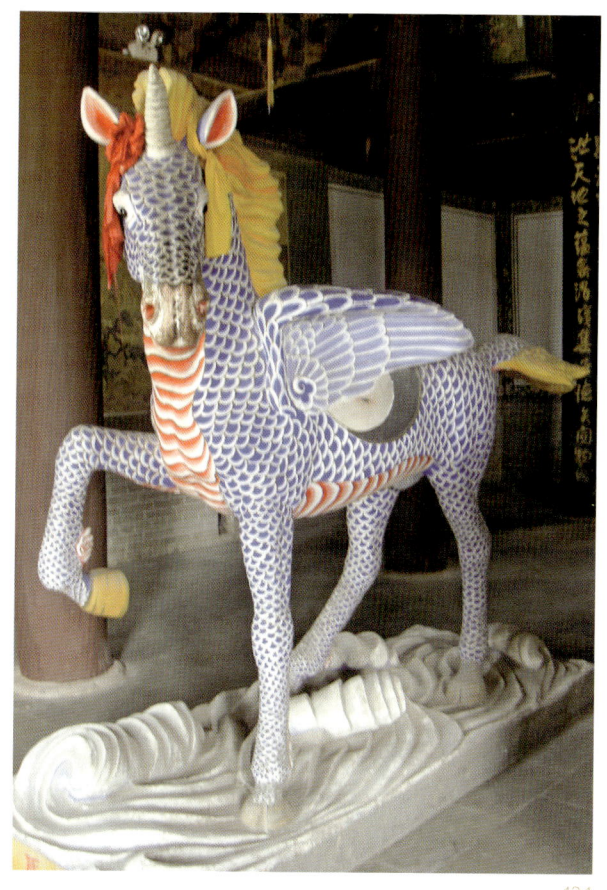

图 12.1 甘肃天水伏羲庙龙马泥塑像。作者 2005 年摄于天水。遍布龙马全身的鳞纹是模拟龙蛇的,而不是模仿斑马的。模拟龙蛇是古代科幻理念的表现,模仿斑马则为当今的图画写生。中国艺术传统讲究虚化和虚幻。虚实相间的意境,从来都是备受推崇的审美境界。

发天人交通的想象。经过官方和民间长期的仪式实践，本是虚拟生物的龙，便和许多现实生物发生关联和混搭，变成你中有我、我中有你的存在。翻开任何一部《汉语成语词典》，都能看到一大批以龙为幻想媒介，混搭其他生物的成语。像龙蛇不辨、笔走龙蛇、骇龙走蛇、龙蛇混杂、龙屈蛇伸、岁在龙蛇、龙蛇飞动、一龙一蛇、强龙不压地头蛇、鱼龙混杂、鱼龙曼衍、鱼龙变化、龙阳泣鱼、鱼龙曼羡、鱼龙百变，龙马奔腾、龙马精神、车马如龙、龙神马壮、马如游龙、藏龙卧虎、卧虎藏龙、龙腾虎跃、龙争虎斗，诸如此类，不一而足。国人的这种语言习惯，透露出一种避实就虚的世界观，即摆脱现实主义的眼光看待和建构世上万物的秩序，其间再有意无意地加以虚化处理，如同曹雪芹所说的"假作真时真亦假"。古人为什么不强调在现实与虚拟幻想之间做出硬性区分呢？

图12.2 2004年出土的商代车马坑。作者摄于北京中国考古博物馆。

较为突出的例子是殷商时代被从域外规模性引进中原国家的马匹。或许就因为少见多怪——本土以前没有家马，野马也不常见，所以外来的善于奔跑的高大生物物种，就在被本土接受以后，被神话化和玄幻化。从商代到汉代，已有一千多年过去了，可汉武帝面对西域引进的良种骏马时，依然挥笔写下神乎其神的《天马歌》，给成语"天马行空"一词做出生动的神话注脚。唯其如此，现实的马才被虚拟为升天的运载工具，和龙凤同类。在龙马混同之背景下，社会统治阶层举办葬礼时就要用批量的马匹和马车，营造护送灵魂升天的虚拟剧情。国人对此虽多有耳闻，但却不习惯从元宇宙即神话宇宙观方面去体会：帝王将相们以车马坑随葬的初衷是什么？

马的悼词

与"天马行空"相反，还有成语"做牛做马"。这个说法中蕴含着某种悲悯之情，看到现实中的家畜牛和马被人类驱使，恻隐之心油然而生。车马坑这种随葬现象的存在，是古人按照神话虚拟目的来使用家畜的极端情况，过去我们未知其究竟。如今借助接二连三的考古发现实况，总算得知，人类对马匹这样的大动物，曾非常残忍，毫不吝惜。远有王公贵胄墓前面的车马坑，近有遗留在少数民族礼俗中的椎牛砍马仪式。此类仪礼行为的动机，却一以贯之，数千年来都没有变。

或许是相信马为天赐的生命，所以天马在葬礼上被当作死者灵魂升天的动力，人们才不惜在丧葬仪式上大肆杀生，让大量被活活屠杀的马匹，驾上真实的超豪华车辆，带死去的墓主

图12.3　湖北枣阳郭家庙曾侯墓的一号马坑，四十九匹马的白骨在焉。引自长江文明馆、湖北省博物馆等编《穆穆曾侯》，第202—203页。

图12.4　湖北枣阳郭家庙曾侯墓的一号车坑，共有车二十八辆，并配备青铜车饰。引自长江文明馆、湖北省博物馆等编《穆穆曾侯》，第196—197页。

虚拟升天。这就是商周两代顶级墓葬的标配：车马坑。

2014年被评为全国十大考古发现之一的湖北枣阳郭家庙曾国墓地，就让人看到一位曾侯去世，需要一次杀掉四十九匹马作为随葬品的惨状。这些侯王级的统治者，生前享受高车骏马的奢华交通设施，死后还要用无辜的生灵陪葬。若不是受到虚拟升天想象的驱动，他们怎么会如此奢侈残忍？这个时期——春秋时代，正是被德国人雅斯贝斯称为欧亚各大文明古国共同经历的"轴心突破"时代，从此时开始，人类开始走向科学理性的方向。车马随葬的考古景观，给中国发生轴心突破说的理论提供了严酷的反证。这些马是因为被错当作升天之龙而遭到杀害的。

化实为虚：马是怎样被当时的人改变为龙的？

现实中陪葬的马，白骨嶙嶙，显得无比凄凉。神幻想象中的马则风光无限。古代具有艺术家气质的工匠们，同样给我们留下了匪夷所思的物证，让我们可以看到，他们是如何在马的造型、马和马车的装饰方面，施展化实为虚的艺术想象力，大显身手的。

首先是选取带有"显圣物"（即能够体现神圣的物品）性质的珍稀材料，创造出超自然的马的形象。如1986年宝鸡市凤翔区南指挥村秦公一号大墓出土的玉马头（图12.5），以及外

图 12.5　圆雕玉马头，春秋时期，陕西凤翔县南指挥村秦公一号大墓出土的玉马头。引自刘云辉主编《陕西出土东周玉器》，第 117 页。

图 12.6　圆雕玉马头，汉代，长 13 厘米，高 6.3 厘米。引自 Max Loehr,Ancient Chinese Jades,Fogg Art Museum,Harvard University,1975,p.391.

图 12.7　湖北枣阳郭家庙曾国墓一号车坑出土铜质车饰一百二十二件（套），这是其中的一件交龙纹的铜车饰。引自长江文明馆、湖北省博物馆等编《穆穆曾侯》，第 200 页。

籍古玉收藏家书中展现的汉代玉马头（图12.6）。前者表现的是简易造型风格，朴素无华；后者则是精雕型的代表作，尽量用大气的造型线条体现马之神韵。

动用龙的形象来装饰马车，意味着虚拟的龙马之车就此诞生：这已不是日常的交通工具，而是想象中玄幻世界的升天工具，专为统治者葬仪所用的私人订制。如果学会从虚拟视角看待曾侯家族墓室内的随葬玉雕龙（图12.8）和龙形青铜器（图12.9），这些生前一定十分好龙的统治者，似乎早已为自己准

图12.8 湖北枣阳郭家庙曾国墓GM17出土的玉龙，可幻化为乘云气而升天的龙马。引自长江文明馆、湖北省博物馆等编《穆穆曾侯》，第113页。

图 12.9　湖北枣阳郭家庙曾国墓 M22 出土的龙纹铜匜。此容器可以借助神话仿生学的联想，幻化为类似龙舟龙车的玄幻载体。引自长江文明馆、湖北省博物馆等编《穆穆曾侯》，第 149 页。

备好死后上天的各种道具，这就使得其墓葬总体变身为某种准太空舱，此乃古代中国"事死如事生"信念支配下的科幻努力。虽然其中"幻"的成分多而"科"的成分少，但毕竟还是需要强大的意志力和想象力，方能完成此类展现原生态"龙马精神"的壮举。

从春秋到战国，贵族墓车马坑中的车饰变得日益奢华讲究，让今人叹为观止。作者希望换个视角来审视文物，将本书作为古代科幻的图像化读本，启迪读者体验文物中蕴含的幻想成分。

从郭家庙曾侯墓葬铜车饰的交龙纹看，二龙身体相交的造型（图 12.7）意味着勾连云纹的模式由此而衍生。龙纹叠加云纹的艺术风格，全是为模拟天界的景致而设计，属于受神话宇宙观驱动的化实为虚之常见表现技法。要知道，古玉上最常见的纹饰，要么是卷云纹，要么是龙纹。现在可以将二者看成是同一种升天动力想象中的分合意象：龙纹和云纹，可以单独出现，也可以组合出现。

再看看战国时期中原出土的这两件艺术化的马吧，二者均为先民工匠对现实生物的虚拟化再造之杰作：一件是 1951 年河

图 12.10　龙化的马。战国时期魏国文物。河南辉县 1951 年出土的错金银马首形青铜车辕端饰。作者摄于国家博物馆。

图 12.11　龙化的马。战国错金银铜辕首，长 22.5 厘米，宽 12.2 厘米，高 8.3 厘米。1981 年河南淮阳马鞍山楚墓出土。作者摄于河南博物院。

12.10

12.11

南辉县出土的错金银马首形青铜车辕端饰（图 12.10）；另一件是 1981 年河南淮阳楚国墓出土的错金银铜辕首（图 12.11）。

相比于春秋早期曾侯墓的随葬车马器，这两件战国文物不仅采用了更为奢侈的错金银镶嵌铜器的工艺，还明显突破马的写实风格，将马头表现为威武而神圣的龙首。魏国的这件文物，在马面上加饰了蛇皮状的鳞纹，以便激发龙马想象。这样的虚拟化表现传统一直延续至今，本章开篇的天水伏羲庙之龙马（图 12.1），就有蛇鳞纹遍布全身，作为化马为龙的混搭表现。

东周时代的龙马和马车想象，被秦汉社会统治者的葬礼明器制作者所继承。21 世纪新发掘的江苏盱眙大云山西汉江都王墓出土的马车辕装饰，可在此作为龙马想象的又一个生动标本

12.12

图 12.12　江苏盱眙大云山西汉江都王墓出土的车辕龙首。引自南京博物院编《长毋相忘——读大云山江都王陵》，第 84 页。

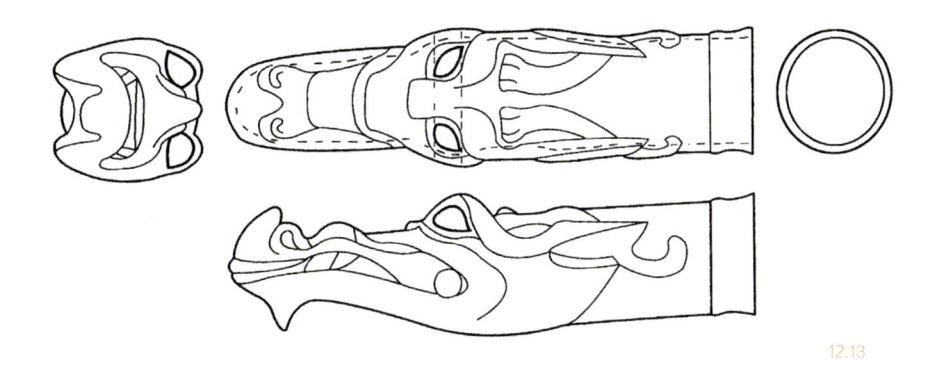

图 12.13　江苏盱眙大云山西汉江都王墓出土的车辕龙首线描图。引自南京博物院编《长毋相忘——读大云山江都王陵》，第 85 页。

（图 12.12，图 12.13）。

　　这个车辕装饰物的象征寓意在于，现实的车已经幻化为龙车，其作用当然不限于在陆地上运行，而是要开启天上的旅程。龙的虚拟符号意义于此可见一斑。车一旦被想象为龙车，则驾车之马也会随之幻化为龙马。如果还要突出享受龙马驾车待遇的主人，那就要抬出汉代人想象的最高神——太一的图腾动物化身——天熊，让它以威严无比的幻象形式，出现在车轴两端的醒目位置（图 12.14）。

　　为了更好地理解熊与龙在汉代图像叙事中常见的主从关系或中央与四方的对应关系，激发虚拟现实的主体潜能，提请读者参看笔者《熊图腾》一书中的系列考古图像和各少数民族神话，

12.14

图 12.14　江苏盱眙大云山西汉江都王墓出土的天熊车軎。引自南京博物院编《长毋相忘——读大云山江都王陵》，第 94 页。

图 12.15　河北定州三盘山西汉墓出土的错金银伞柄图案：天熊在上，神龙与象在下，充当天熊升天的交通工具。引自孙机《仰观集》，文物出版社 2015 年，第 30 页。

学会用少数民族的原生态神话想象方式，体会天熊降临人间的信仰对于早期人类的意义。

　　图 12.15 呈现的西汉错金银伞柄图案，表现了上中下三分的宇宙观：天界主神为天熊，坐在摇篮状的车斗中，左臂持灵芝仙草，做品尝状。各种飞鸟、仙人、飞马、神鹿等簇拥在天熊左右。在龙爪和象鼻的下面，还有海龟等海生动物，使得整个构图呈现了神话宇宙观中的陆海空三界，是标准的神话元宇

12.15

图 12.16　江苏盱眙大云山西汉江都王墓出土的鎏金镶玉玉贝带（局部）。引自南京博物院编《长毋相忘——读大云山江都王陵》，第 432 页。

图 12.17　江苏盱眙大云山西汉江都王墓出土的鎏金镶玉玉贝带局部线描图。引自南京博物院编《长毋相忘——读大云山江都王陵》，第 433 页。

图 12.18 江苏盱眙大云山西汉江都王墓出土的鎏金镶玉玉贝带整体。引自南京博物院编《长毋相忘——读大云山江都王陵》，第 430 页。

图 12.19 清代龙马负图踏波瓷塑像。这匹龙马以白马为原型,仅仅在四肢局部装饰蛇鳞纹而已。这也是化实为虚的常用技巧。

宙图景。

虚拟龙交通的景象,在汉代文物中比比皆是。比如21世纪出土的诸侯王级精品文物江苏盱眙大云山西汉江都王墓出土的鎏金镶玉玉贝带图像:白玉雕云龙腾跃为主图像,外框饰以变体的二龙戏珠图式,下方缀以三排二十一枚白玉雕成的海贝。

本章开篇介绍的枣阳曾侯墓车马坑还不算最大的。在山西省曲沃县的曲村—天马遗址北赵晋侯墓地发掘出的晋献侯的车马坑,才是目前已知西周时期最大的车马坑,也是我国先秦时期殉葬车最多的车马坑。这里出土车辆四十八辆,马骨一百零五具。试想,需有怎样厚实的家底,才能负担如此奢靡的葬礼花费?仅一个人离世,就需要将这么多社会财富埋到地下世界去。上百匹马,不能在现实社会中被用于真实的交通,却被活埋到地下,服务于送死者魂灵升天的虚拟交通体系。

希望本章始于马而终于龙马的叙事结构,能给读者带来三千年玄幻之旅的想象体验。

13 龙出长三角

虚拟生物龙的出现,是中国文化史上的第一奇幻事件。本书尝试充分利用比汉字还要早出现六千多年的神圣符号资源——玉礼器的发生史,对龙由玉文化而派生出来的主要脉络做一梳理,兼及龙的同胞生物凤凰

图 13.1　三龙首玉圆牌(玉璧)局部图(瑶山 M2:17)。引自浙江省人民政府等编《良渚与古代中国》,故宫出版社 2019 年,第 150 页。

图 13.2　三龙首玉圆牌(玉璧)侧视图(瑶山 M2:17)。注意每个龙首眼鼻之间的阴刻菱形纹。右侧图:菱形纹符号用双阴线刻成,介于二龙首之间的空白处。引自浙江省人民政府等编《良渚与古代中国》,第 151 页。

的诞生。本章采用地方文化空间之视角，展示神龙是如何诞生在五六千年前长江下游的环太湖流域的。

　　本书为什么可以作为古代中国的科幻读本呢？就因为龙凤本身都是我们中华文化中的虚拟发明，属于现实中不存在的奇幻事物。中国的龙变幻多端，纵横古今，绝对不能翻译为具有贬义的dragon。所谓中国人为"龙的传人"的说法，只是当代新造的神话，不能代表传承六千年的龙文化真相。本书一再用"虚拟交通"这样的语汇，就是为了反复强调古人的神话观念和信仰传统。借助龙来实现上天入地、穿越式交通的目的，这是古人最具有科幻意义的发明吧。与之相匹配的另一大虚拟假设，便是把人间社会的王者设想为"天子"。是天子，就必须要有和天国诸神联络的方式。秦始皇以有字天书的形式创立传国玉玺制度，这个制度实行了两千多年，直到清王朝覆灭。

13.2

没有人能在帝王玉玺中看到什么科幻的内容。反问一下，或许能受到启迪："受命于天"的想法和玉玺的证明作用，难道不需要虚拟的奇思妙想吗？

如今的国际电影界，将科幻电影归入"奇幻影片"（Fantasy Film）之类，作为奇幻文学的新分支。

奇幻影片的创始人是乔治·梅里爱，其第一部作品是《月球旅行记》（1902）。虚无缥缈的离奇仙境，人头脱离身体之类的恐怖幻象，都是他异想天开的创造。这样的表现给影坛带来巨大的震动，由此诞生了一代又一代的奇幻迷。他们如痴如醉，乐此不疲。随后出现了科幻影片创作的小高潮，在德国、法国和苏联受到观众的热烈追捧。

一些科幻电影从传统的文学作品和当代连环画中汲取灵感。自1977年《星球大战》第一集面世开始，对外星世界的想象，造就了一种奇幻想象的新潮流。从库布里克的《2001：太空漫游》，到2010年卡梅隆的3D大片《阿凡达》，再到我国近年上映的《流浪地球》，采用的依然是西方模式的外星—外太空想象模型。科幻创作大潮中，中国本土的奇幻资源尚未得到电影人的更多关注，唯有《封神演义》的狐狸精幻化为美女的主题，被导演们一次次搬上银幕……

世纪之交，以西方民间巫术文化传统为资源的创作潮流再起，大量展现魔法魅力。从《哈利·波特》到《指环王》，白袍巫师以正面主人公的形象粉墨登场，成为观众的最爱。有鉴于此，本章将以奇幻方式来审视一段江南史前的历史场景，希望能引发读者对本土奇幻资源的关注。

故事要从苏州昆山的一座良渚文化早期的大墓开始讲起。1991 年 12 月 2 日该墓被发现，2 日至 3 日清理完毕。墓葬的考古编号为 M77。之所以选择它，是因为从这座墓中一下子挖出两块玉龙玦（图 13.3，图 13.4）！

13.3

图 13.3 赵陵山墓葬出土良渚文化玉龙玦 M77：1。引自南京博物院编《赵陵山》，文物出版社 2012 年，彩版一一四。

图 13.4 赵陵山墓葬出土良渚文化玉龙玦 M77：114。引自南京博物院编《赵陵山》，彩版一一五。以下图片皆出自此书，不另加注。

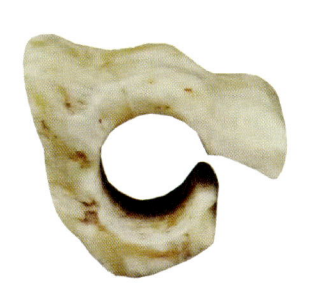

13.4

193

玉玦这样的玉器，本书第 8 章已有介绍，是九千年前的今黑龙江地区先民的发明。龙形玉玦的出现时间在距今五六千年前。江南的玉龙玦看上去很粗糙，但引发了诸多疑问：它究竟是从遥远的北方一路南下传播而来的，还是江南先民自己独立发明的？目前主流的观点认为其来自北方，但具体的细节还不得而知。

在我国史前期的一百座墓中都难有一座随葬有玉器。而在五千多年前的江南水乡，能够独自享有双玉龙者，是何许人也？正规的考古报告《赵陵山》，以十六开本大书 26 码的篇幅对这座墓葬进行了陈述。墓主为成年男性，身高 1.75 米，在当时算是身材高大的。墓中出土文物共计 157 件，其中玉器 123 件，占比 78.3%，集中分布在墓主身体上部；石器 21 件，占比 13.4%，集中分布在墓主身体下部；石钺 15 件，是石器中最多的器型。这些石钺放置在墓主腹部以下至脚端，也有铺垫在身体下面的。

先看几张出土石器的图片吧（图 13.5，图 13.6，图 13.7）。

除了占比超过 91% 的随葬玉石器，在墓中还发现了两件十分罕见的象牙镯。这位死者，确实曾是当时社会的权贵人物，享有的葬礼待遇非同一般。当下的问题是，南方神龙形象的出现同样依赖于玉礼器的传统，多见于葬礼用的随葬品；关于玉和龙的关系，南北方共同的逻辑似乎是，无玉即无龙，有玉也不一定有龙；史前长三角地区的玉龙形象在良渚文化之前的崧

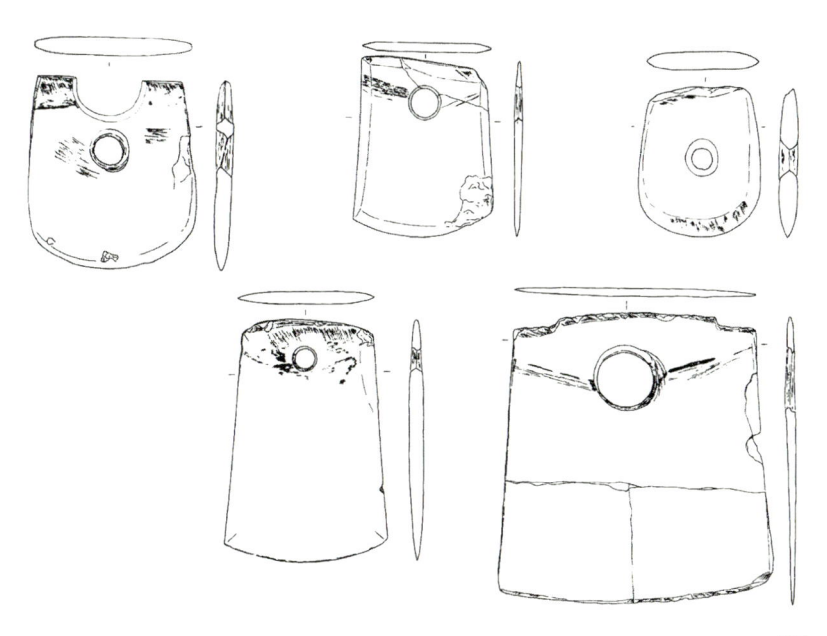

13.5

图 13.5 赵陵山 M77 出土的石钺的线描图

图 13.6 赵陵山 M77 出土的石器的照片

13.6

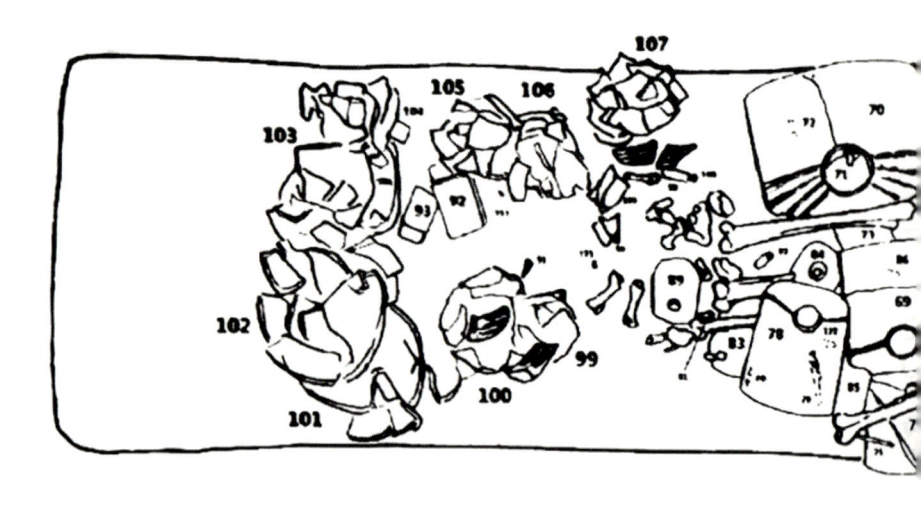

葬具内: 2～4、6～17、20～24、28、31、54、72、82、109、121 玉鼓形珠 5、53、91 玉端饰 18、19 玉隧孔珠 25、26、30、32、34～36、38、41、42、46、48、55、57 (-1)、112、122、123 玉 长 珠 27、37、39、40、43～45、47、49、51、81、88、90、108、113、115～120 玉管 29、58、60、64 玉镯环 33 玉梳背 50、75、80、98 玉锥形器 56、62、63、70、73、74、76～78、83～85、87、89 石钺 59 玉琮 61、65 象牙镯环 66、67 石镞 68 石刀 71、79、86 玉插件 92、93、104 石锛 99、100、107 陶鼎 101～103 陶豆 105、106 陶杯 110 陶罐 111 陶器

图 13.7 赵陵山 M77 平面图

泽文化时期就已经显露头角，时间在距今五千八百至五千三百年，在这么早的时段，南方的龙是如何被塑造的呢？

先从最近的一次发现讲起。2018 年，考古人员在江苏省常州市横林镇青城墩遗址发掘出土一件玉龙环（图 13.8），直径 1.2 厘米，为崧泽文化晚期遗物，距今五千五百至五千三百年。玉龙环的圆周上有雕出的龙首，玉环为龙身，符合卷龙的说法。玉龙的头部，吻长而宽，并且上翘。一双突出的浑圆的眼睛，

13.7

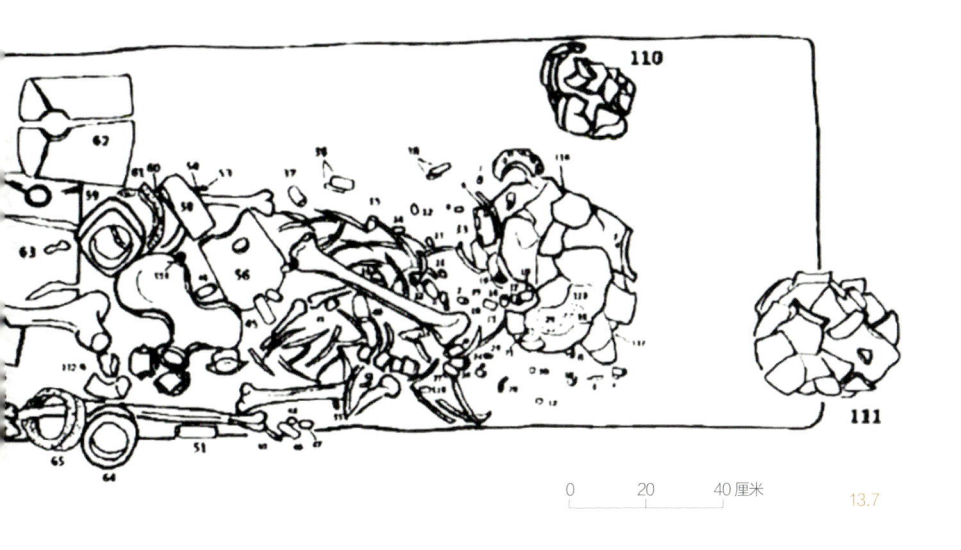

图 13.8 2018 年江苏省常州市横林镇青城墩遗址 71 号墓出土的崧泽文化玉龙环。图片引自常州博物馆网站。

13.8

197

给神龙赋予神韵。龙头后面还有两只角，紧贴颈背。整个龙体卷曲为圆环形。如此精巧的设计构思，似可以归为古代绘画的写意派，或当代艺术中的抽象派，它是史前环太湖地区崧泽文化先民虚拟幻想的产物。

对比南北方的玉龙形象，南方的玉龙似乎趋向于迷你化的造型，这体现的是水田稻作农业不同于旱作农业的精细精神。面对如此纤细的小龙，问题出现了：载着死后的人通往天国的神圣重任，一厘米长的小龙如何承担？墓室中随葬玉器模拟的太空舱的作用，还能得到正常发挥吗？再看这件 M77 出土的标志性玉器（图 13.9），疑问可能就会打消。

一般认为这件玉人像体现了当时社会的通神者——巫觋萨满的功能，其魂魄可以化为鸟，飞升上天，实现神人沟通和天人沟通。人类学家将此类神话观命名为"鸟形灵"。再联系良渚文化玉器上常见的鸟立神坛造型，以及良渚神徽鸟羽冠特征，疑问豁然得解。

古埃及人建造金字塔，其目的是为塔下法老的木乃伊指引升天之道。这样以举国之力建造的宏大建筑，原来也受虚拟幻想驱动。良渚人的鸟羽冠与飞鸟崇拜情结，配合其统治者专享的高台墓葬形式，还有陶鼎图像中的鸟首盘蛇，这一切，都是活着的人在为死后的升天做准备。

从崧泽文化遗址到良渚文化遗址，一厘米左右长的迷你型玉龙，至少已经发现了十多个。良渚遗址群的官井头、余杭后

图 13.9 江苏昆山赵陵山 M77 戴冠顶鸟神人玉雕像。作者摄于首都博物馆早期中国展。

头山、海宁市的皇坟头、海盐县的仙坛庙、桐乡的普安桥、常熟的罗墩、昆山的赵陵山等遗址，先后发掘出类似的玉龙或龙玦。虽然总数还不甚多，但其所覆盖的地域范围很大，涵盖了今日长三角地区的三省一市。

2001年，辽宁考古所的郭大顺先生出版了《龙出辽河源》一书，在海内外学界引起很大反响，不再依赖文献知识而研究龙之起源的风尚由此而生。当时学界对南方玉龙的认识还没有形成气候，如今根据日益增多的出土证据，本章拟定《龙出长

图 13.10 浙江桐乡普安桥出土的崧泽文化时期的玉龙。引自浙江省文物考古研究所等编《崧泽之美》，浙江摄影美术出版社2014年，第201页。

图 13.11 普安桥出土的玉龙侧面图。引自浙江省文物考古研究所等编《崧泽之美》，第203页。

图 13.12 北京鸿盛祥2021年春季艺术品拍卖会上的"明代圆雕玉龙"实物照。

13.10

三角》之题。

2021年春,一件一厘米多长的明代圆雕玉龙(图13.12),在北京鸿盛祥春季艺术品拍卖会上,一举拍出四百八十八万元的价格。

只要看到这件拍卖品的照片就会恍然大悟,这件以明代玉器为名的拍品,其实是"龙出长三角"的又一件民间文物见证。其能拍出四百万以上的高价,是借助了崧泽文化玉龙为南方龙之祖的崇高声誉。

13.11

13.12

破解玉龙面部菱形秘符

从崧泽文化到良渚文化，玉龙首刻画风格的一个变化，是龙鼻被刻画为菱形，或在龙面中央加刻菱形纹符号，如本章开篇图 13.1 和图 13.2 所示。在良渚大墓出土的玉器中，这种符号有愈演愈烈之势。甚至在神徽类形象的刻画中，也要突出表现菱形。例如编号为瑶山 M7∶55 的这件神徽像，鼻部就完全表现为中央十字镂空的变体大菱形（图 13.14）。

南方之龙上的菱形究竟代表什么呢？专家们各持观点，众

13.13

说纷纭。直到 2020 年《东南文化》发表的中国社会科学院考古所曹峻的文章《瑶山 7 号墓出土玉牌饰造型研究——兼谈龙首纹上的菱形纹及相关问题》，采用神话仿生学的对比方法，为谜题的解答提供了方向。文章认为，瑶山玉牌饰及相关纹样与蛇的头面部形态有诸多相似之处，因此瑶山玉牌饰的菱形纹，可能来自现实生活中能见到的动物，尤其是蛇、蜥蜴之类的爬行动物，最有可能来自蛇。图 13.15 就是曹峻给出的神话仿生学的图像证明。

我国自古就有"龙蛇不辨"的成语，如今学界对五千年前江南玉龙秘符的神话学解读，再度验证了古语的神奇，也为我

13.14

图 13.13　良渚玉圆牌的线描图，龙首面部的菱形秘符清晰可见。

图 13.14　瑶山 M7:55 玉牌饰形象。引自浙江省文物考古研究所编《瑶山》。

①蛇头面部鳞片；②龙首纹（瑶山 M1:30）

图 13.15　对比图引自曹峻《瑶山 7 号墓出土玉牌饰造型研究——兼谈龙首纹上的菱形纹及相关问题》，《东南文化》2020 年第 1 期。

们破解神龙起源之谜带来新的重要启示。

　　结束本章之前，还是复原一下当初社会的权贵是如何佩戴这些神秘的良渚玉龙纹圆牌的（图 13.16）：采用多件龙纹圆牌加一件大玉璜的组佩形式。

图 13.16 良渚文化玉组佩方式示意图

结语 神话历史的原龙

图 14.1 战国双龙双凤玉佩。现存美国纳尔逊博物馆。引自俞美霞著《战国玉器研究》，彩图 21。

    龙的元宇宙之旅就要结束了。本书结尾处仍需要再次明确回答"龙是什么"的问题。

    回望中国古代的历史长河，一望无际。神话化和再神话化，是每个新兴政权的需求，历朝历代的统治者建国登基，都需要构建由神话虚拟驱动的意识形态，这在历史上从来不曾缺席。即便是被誉为"良史"的司马迁，在书写西汉王朝的创建史时，也采用神话化写法：先让刘邦的母亲与神龙相交，再让这位汉

家皇帝在发迹之前先去斩杀一条大蛇。司马迁在写到我国早期两位最著名的思想家之相遇时,也是照搬神话叙事的老套路来加以表现:

孔子前往周都,要向老子求教。老子对孔子说:"就拿你宣扬的礼来说吧。倡导礼的人,其骨头早已腐朽,剩下的是相关的言语。所谓的君子,一旦时来运转,便会驾车去当官;而生不逢时呢,便会如蓬草一般随风飘散,不知所终。听说善于经商者会珍藏其货,似乎此地无银。君子品德若高尚,其容貌便会显得谦卑,这就是大智若愚吧。你的傲气和奢望太重,需要抛掉。假正经的姿态和不切实际的志向也同样需要抛掉。这对你都是负累啊!我能对你说的,仅此而已。"

孔子领教后,回去告诉弟子们:"鸟,我知道它会飞;鱼,我知道它善游;兽,我知道它能跑。会跑的可以用罗网去捕获,会游的可以用丝线(加鱼钩)去钓它,会飞的可用弓箭去射杀。至于龙,我真不知道该怎么对付啊。龙是驾着风云而翱翔九天的。我今天亲眼看到老子,他好像正是龙吧!"[1]

这便是《史记》记录的春秋时代发生在两位伟大的思想家之间的对话。孔子将老聃看成是人龙,即后世所说的"人中龙凤"。当孔子说出这样标准的神话叙事话语时,距离汉代盛行的谶纬神话类书籍的出现还有好几百年呢。既然龙凤是中国传统文化

---

1. 据〔汉〕司马迁《史记·老子韩非列传》改写为白话,中华书局1959年,第七册,第2139—2140页。

中最大的奇幻发明，谁说孔子就不懂科幻呢？

孔子创立的儒家是以推行"礼"为职业的，礼起源于神圣的祭祀仪式。关于祭祀，孔子说过"祭如在"，这话如同三字真经一般，道出了儒家的看家本领：虚拟现实的悬想本领。那时没有 AR 和 VR 等科技手段，祭祀者必须自带一颗能够虚拟悬想的虔诚之心，既要看到现实中不存在的龙凤，也要善于悬想天上的神祇和祖灵，并要展开和他们的对话。

谁也不承想史官司马迁让孔子说出的这个"人龙"的比喻，后来果然被验证，成为某种具有先见之明的谶言或预言，如同希腊神话中的阿波罗神谕。也就是说，等到汉代之后，老子这位现实人物，就真的像龙一样，从地上飞升天庭了——唐玄宗李隆基所悬想的自己家族的李姓先祖，可以在云端向世人显容。而到了《西游记》里，老子已经是活灵活现的天仙形象——太上老君了。

孔子讲到龙的时候，是和鸟、鱼、兽这三类生物做对比的。鸟能飞上天，鱼善游水，兽则奔跑于陆地。孔子的一番话，着眼于现实的交通能力和虚拟的交通能力之间的对比，以此来突显龙的超自然职能：自由地穿越海陆空三界。这也就是本书一再强调的"虚拟龙交通"。

为了说明对神龙的这种观照方式并非孔子（司马迁语）的发明，而是自古以来的神话宇宙观传统，我们还可举出汉代著名的礼书经典《大戴礼记》中的记录。该书的《五帝德》一篇，

图14.2 徐州汉画像石《孔子见老子》。引自徐毅英主编《徐州汉画像石艺术》，中国世界语出版社1995年。

端出儒家的神话历史族谱，以孔子与弟子宰我的对话方式提出：

> 黄帝……乘龙扆云，以顺天地之纪。
>
> 颛顼，乘龙而至四海。
>
> 帝喾，春夏乘龙，秋冬乘马。……日月所照，风雨所至，莫不从顺。

由此可见，乘龙而通行全宇宙，这是孔子心目中的华夏祖先之共享特权。龙，就相当于今天的宇宙飞船。老子乘龙升天的本领，只能是继承祖德而来，绝非个人原创。再参考非儒家流派的古代奇书《山海经》，就会明白，人类祖先的乘龙本领，原来是以神灵为楷模或榜样的。《山海经》中的神人或圣王，要么其本身就具有龙首人身或人首龙身的外在特征，属于古人科幻想象中的混合基因生物；要么能够驾驭龙交通或蛇交通，为自己的出行服务。

> 祝融：兽身人面，乘两龙。
>
> 夏启：乘两龙……佩玉璜（双龙首虹桥）。
>
> 蓐收：左耳有蛇，乘两龙。
>
> 雷神：龙身而人头，鼓其腹。
>
> 冰夷：人面，乘两龙。
>
> 不廷胡余：人面，珥两青蛇，践两赤蛇。

图 14.3 清代太上老君铜坐像。作者摄于甘肃华亭县博物馆。

14.3

图 14.4 西周乘龙驾云之神人玉饰。山西曲沃晋侯墓地 31 号墓出土。引自古方主编《中国出土玉器全集》第 14 卷，第 104 页。

14.4

图 14.5 古希腊神话雕塑《乘龙之诸神》。作者摄于瑞士苏黎世大学博物馆。

> 女几山之神：其神状皆马身而龙首。
>
> 首山之神：其神状皆龙身而人面。
>
> 騩山之神：其神状皆鸟身而龙首。
>
> 柜山之神：其神状皆龙身而鸟首。
>
> 钟山之鼓：其状如人面而龙身。
>
> 管涔山之神：其神皆蛇身人面。
>
> ……

以上列举的《史记》《大戴礼记》《山海经》三书中的记载，都属于下五千年的文献叙事内容，其中有多少科幻或玄幻的元素，受过科学教育的当代人都会有自己的判断。龙是什么的问题，也就可以得到贯通性的理解。本章之前的所有内容，侧重于求证上五千年神龙发生史的主线脉络。有了上五千年的文化基因的知识，下五千年文字叙事中的奥秘、其神话再编码的问题，大多可以迎刃而解。

龙与凤，其主要功能是充当上古时期先民们虚拟的宇宙飞船。